Lydia Meyer setzt sich als Autor*in, Redakteur*in und Konzepter*in in unterschiedlichen Formaten und Medien mit Sex, Gender, gesellschaftlichen Normen und deren Verwobensein auseinander. Vorher studierte Lydia Meyer Kulturwissenschaften und Gesellschafts- und Wirtschaftskommunikation in Leipzig und Berlin, arbeitete u. a. für *Zeit Online* und die *Kooperative Berlin* und entwickelte dort die YouTube-Serie «Auf Klo» sowie das queerfeministische Format «Softie» in Kooperation mit dem *Missy Magazine* für *funk*. 2020 erschien «Sex und so. Ein Aufklärungsbuch für alle» im Ullstein Verlag.

Lydia Meyer

Die Zukunft ist nicht binär

Rowohlt
Taschenbuch Verlag

4. Auflage August 2025
Originalausgabe
Veröffentlicht im Rowohlt Taschenbuch Verlag,
Kirchenallee 19, 20099 Hamburg, Mai 2023

Redaktion Marie Krutmann
Songzitat auf Seite 5: Arca: «Nonbinary»,
KiCk i, XL Recordings 2020

Covergestaltung zero-media.net, München
Coverabbildung FinePic®, München
Satz aus der Zenon, InDesign
Gesamtherstellung CPI books GmbH, Leck
ISBN 978-3-499-01060-6

Kontaktadresse nach EU-Produktsicherheitsverordnung:
produktsicherheit@rowohlt.de

What a treat
It is to be
Nonbinary
ma chérie
tee hee hee

ARCA

Inhalt

Hinweis zum Inhalt:
In diesem Buch reproduziere ich trans- und queer-feindliche Erzählungen und Gewalt, besonders in den Kapiteln 2, 3, 4, 5, 7 und 8.

Warum dieses Buch?

Seit ich denken kann, habe ich ein Problem mit der Zweigeschlechterordnung – und viel zu lange habe ich nicht das starre binäre System, sondern mich selbst für das Problem gehalten. Heute weiß ich: Ich bin nicht-binär und damit nicht allein, doch in den meisten Zusammenhängen bleibt die binäre Geschlechterordnung so wirkmächtig wie unhinterfragt. Weil ich fest davon überzeugt bin, dass eine Welt ohne starre binäre Geschlechtereinteilung für uns alle ein Gewinn wäre, wollte ich eigentlich ein utopisches Buch über Geschlechtergerechtigkeit schreiben. Eigentlich. Denn es ist gar nicht so leicht, ein utopisches Buch zu schreiben, während in der Realität über alle nur denkbaren Kanäle transfeindliche Ressentiments verbreitet werden.

Damit die Zukunft *nicht-binär* sein *kann* – oder besser: damit sie *nicht* zwangsläufig *binär* sein *muss* –, muss sich in der Gegenwart ziemlich viel ändern. Deswegen geht es in diesem Buch nicht in erster Linie um die Zukunft, sondern vielmehr um unsere vermeintlich progressive Gegenwart. Die nämlich sieht für queere Menschen – allen voran für trans Personen – nicht besonders rosig aus: Nie war die

Anzahl der weltweit gezählten Morde an trans Personen so hoch wie im Jahr 2021.[1] [*] Weltweit nehmen queer- und transfeindlich motivierte Gewalttaten zu,[2] und auch in Deutschland stieg die queer- und transfeindlich motivierte Hasskriminalität in den letzten Jahren stark an.[3]

Trans- und queerfeindliche Gewalt passiert nicht aus dem Nichts. Jede Desinformation, jedes Gerücht, jede Verschwörungsideologie, die transfeindliche Menschen über trans Personen ins Internet oder in eine Zeitung schreiben, hinterlässt Spuren – und entlädt sich in ganz realer physischer und verbaler Gewalt. Es ist bizarr, wie Menschen online über trans und nicht-binäre Personen hetzen, wie sie Stimmung gegen das geplante Selbstbestimmungsgesetz machen und wie konservative und rechte Publizist*innen und Medienhäuser Falschinformationen über trans Menschen verbreiten. Und es ist beängstigend, wie weit sich die Grenzen des Sagbaren innerhalb der letzten Jahre verschoben haben. Rechtsextreme, christliche Fundamentalist*innen, Anti-Feminist*innen, transexkludierende Feminist*innen (TERFs) und Konservative weltweit haben einen gemeinsamen Feind: trans und nicht-binäre Menschen.

Es ist nicht leicht, optimistisch zu bleiben, während Menschen in einer von Krisen geprägten Gegenwart ihren Rassismus, ihre antisemitischen Verschwörungsideologien, ihre Trans- und Queerfeindlichkeit, ihren Hass und ihre Unwahrheiten über alle, die sie selbst zu «den anderen» machen, immer hemmungsloser aussprechen,

[*] 2021 waren es 375 und 2022 wurden 327 Morde begangen.

ihren Hass in Hetzkampagnen, körperlichen Übergriffen, Drohungen, Doxxing[*] und Stalking entladen, während rechte Medienhäuser und Publizist*innen daran mitarbeiten, dass trans- und queerfeindliche Narrative sich in den Köpfen festsetzen, Desinformationen, Gerüchte und Verschwörungsideologien über trans Personen, geplante Gesetzesänderungen und angebliche «Transgender-Trends» verbreiten.[4]

Transfeindlichkeit tötet. Und sie beginnt nicht erst mit der Androhung von Gewalt. Sie beginnt mit den Berührungsängsten. Mit dem Wegschauen, wenn es um trans- und queerfeindliche Gewalt geht. Mit diskriminierenden Gesetzen, ausschließenden Infrastrukturen, einer unvollständigen Sprache und der Weigerung, sie der Realität anzupassen. Es gibt mittlerweile offiziell zwar eine *Dritte Option* und Diskussionen über gendersensible Sprache, es gibt Aufklärung über geschlechtliche Vielfalt und queere Repräsentation in den Medien, es gibt Queer, Trans und Gender Studies, und auch in Deutschland soll bald ein Gesetz verabschiedet werden, das eine Personenstandsänderung für trans und nicht-binäre Menschen erleichtern soll. Sobald aber eine Person sagt, sie sei trans, inter und/oder[**] nicht-binär, sind Menschen oft verunsichert

[*] Als Doxxing wird das Sammeln und Veröffentlichen persönlicher Daten einer Person bezeichnet. Das können private Telefonnummern, Anschriften und Kontakte, Finanzdaten oder die persönlichen Daten Angehöriger sein.

[**] Auch nicht-binäre Menschen können trans sein und auch inter und trans schließen sich nicht gegenseitig aus.

oder erschrocken darüber, dass wir tatsächlich existieren und dann auch noch so unterschiedlich aussehen. Obwohl sich viele – abstrakt oder theoretisch – darauf einigen können, dass Geschlecht ein Spektrum ist, geht ein Großteil trotzdem davon aus, dass es *eigentlich* nur Männer und Frauen gibt. Und das ist gar nicht verwunderlich, denn wir sind permanent und von Geburt an von Zweigeschlechtlichkeit umgeben und werden nicht gerade häufig dazu ermuntert, die normative binäre Ordnung infrage zu stellen.

Gerade in krisenhaften Zeiten ist es wichtig, die Visionen und Utopien nicht zu vergessen, die uns daran erinnern, dass es auch anders gehen könnte. Das Ziel einer wirklich gleichberechtigten Gesellschaft im Auge zu behalten, die ohne Stereotype und Klischees auskommt, einer Welt, in der Menschen Menschen sein dürfen und nicht in erster Linie Männer oder Frauen sein müssen. Um in die Nähe einer solchen Welt zu kommen, müssten wir die starre binäre Ordnung ins Wanken bringen – und das ist gar nicht so einfach. Wir haben sie schließlich internalisiert, sie durchzieht unsere Sprache, unser Denken, den öffentlichen Raum – und sie sichert Machtverhältnisse: In einer Welt, in der mächtige cis Männer andere mächtige cis Männer schützen, ist Veränderung nicht von heute auf morgen möglich. Außerdem finden viele Menschen das binäre System eigentlich ganz gemütlich und sehen keinen Grund, es zu hinterfragen oder gar abzuschaffen. Sie bemerken es nicht einmal.

Dabei kann das Hinterfragen des tief verankerten binären Denkens für alle Menschen ein Gewinn sein. Oder um es mit den Worten der Autor*innen Meg-John Barker (they/them) und Alex Iantaffi (they/them) zu sagen:

> Inviting you to consider life from a non-binary perspective is about shifting our frame work away from a rigid either/or perspective, towards both/and possibilities, which embrace paradox and uncertainty.[5]

Frei übersetzt: Uns zu erlauben, das Leben aus einer nicht-binären Perspektive zu betrachten, bedeutet, unsere Wahrnehmung zu verschieben – von einer rigiden Entweder-oder-Perspektive hin zu Und-auch-Möglichkeiten, die Widersprüche und Unsicherheiten zulassen.

Wie wäre es, wenn wir «nicht-binär» nicht ausschließlich als Geschlecht oder Teil einer Identität, sondern auch als Perspektive verstünden, die Zwischenräume feiert und Gleichzeitigkeiten zulässt? Als Möglichkeit, sich im Dazwischen einrichten zu können. Als Basis für Lebendigkeit.

Noch ein kleiner Hinweis, bevor es richtig losgeht

Ich schreibe dieses Buch aus der Perspektive einer nichtbinären, *weißen*[*] Person mit deutscher Staatsbürgerschaft, die im Westdeutschland der 1990er- und 2000er-Jahre aufgewachsen ist, einen geisteswissenschaftlichen Hinter-

[*] Ich schreibe *weiß* kursiv, um zu betonen, dass weiß keine naturgegebene Eigenschaft oder Hautfarbe, sondern eine gesellschaftliche und politische Konstruktion ist. Mehr dazu im Glossar.

grund hat und in Berlin lebt. Ich werde meist weiblich gelesen. Das ist für mich oft anstrengend und gleichzeitig ein Privileg, weil ich Diskriminierung und Hass nicht so stark ausgesetzt bin wie inter, nicht-binäre und andere queere Personen, die das binäre System und cisnormative Sehgewohnheiten stärker auf die Probe stellen und/oder von Mehrfachdiskriminierung betroffen sind. Meine Perspektive ist weder verallgemeinerbar noch auf andere nicht-binäre Menschen übertragbar. Es ist eine Perspektive von vielen.

Ich habe für dieses Buch viel recherchiert und versuche, möglichst viele Fakten, Statistiken und anschauliche Beispiele zu liefern, erhebe dabei aber weder einen Anspruch auf Vollständigkeit noch auf Neutralität. Ich schreibe das so deutlich, weil meine eigene kulturelle Prägung, Sozialisation und meine Privilegien bei allem, was ich tue, mitschwingen. Es ist schwer bis unmöglich, eine absolut neutrale Perspektive einzunehmen – umso wichtiger ist es, offenzulegen, aus welcher Perspektive gedacht und geschrieben wird. Das gilt übrigens für alle Menschen: Auch ein *weißer* cis Mann blickt nicht neutral auf die Welt, es wird nur ständig davon ausgegangen, dass er das tut, weil die *weiße* cisgeschlechtliche Perspektive immer noch als Norm gilt, während andere Perspektiven als Aktivismus oder gar Ideologie abgetan werden. Oft verbirgt sich hinter vermeintlicher «Neutralität» oder «Objektivität» nichts anderes als die herrschende, unhinterfragte, schwer greifbare Norm. Das heißt wiederum nicht, dass alles beliebig ist oder persönliche Meinungen der alles bestimmende Maßstab sind. Es heißt auch nicht, dass Normen per se schlecht sind. Im Gegenteil: Ohne Normen würde unser Zusammenleben nicht funktionieren. Doch manche Normen schließen aus und festigen Machtverhältnisse – und es ist hilfreich, dafür sensibel zu sein, wer aus welcher Position, mit welcher Prägung und mit welchen Privilegien spricht, um diese Normen infrage stellen zu können. Und genau darum geht es in diesem Buch.

Wer sich mit der Zweigeschlechterordnung auseinandersetzt, beschäftigt sich zwangsläufig auch mit Sprache. Leider ist die deutsche Sprache ziemlich sperrig und zwingt uns ständig dazu, uns und andere zweigeschlechtlich zu verorten. Zu einer gendersensiblen Sprache gehört auch das Nutzen der richtigen Personalpronomen. Bei vielen Personen, die ich in diesem Buch zitiere oder erwähne, konnte ich die korrekten Pronomen recherchieren oder erfragen. Wenn das der Fall ist, stehen sie bei der ersten Erwähnung in Klammern hinter dem Namen der jeweiligen Person. Konsequent wäre es, die Pronomen bei jeder erwähnten Person hinter den Namen zu schreiben. Bei einigen Menschen, die ich in diesem Buch erwähne, fehlen mir jedoch diese Informationen. Wenn es sich dabei um Personen des öffentlichen Lebens handelt, die in ihren Texten oder Vorträgen ein konservatives Verständnis von Geschlecht vermitteln, verzichte ich in diesen Fällen nicht gänzlich auf Personalpronomen, sondern schließe aus ihren Veröffentlichungen, dass sie sich an einem der Pole im binären System verorten. Bei Personen, bei denen ich mir nicht sicher war, habe ich auf Pronomen verzichtet.

Ich schreibe in diesem Buch über cis Frauen und cis Männer, trans Frauen und trans Männer. Wenn ich nur

Männer schreibe, meine ich damit *alle* Männer. Schreibe ich *Frauen*, meine ich *alle* Frauen.

Damit sich niemand beim Lesen langweilen muss, gibt es auf den letzten Seiten dieses Buchs ein Glossar, in dem ich möglichst viele Begriffe erkläre, die beim Sprechen über Geschlecht wichtig sind und die ich in diesem Buch benutze – ohne Anspruch auf Vollständigkeit.

EiNS

Mehr als Genitalien: Was ist Geschlecht?

Ostern 1994. Ein Kind sitzt auf dem Teppich im Schlafzimmer einer Erdgeschosswohnung in einem westdeutschen Dorf und schneidet mit einer Küchenschere große Löcher in ein kariertes Kleid. Das Schlafzimmer und die Schere gehören der Großmutter des Kindes, die sich gewünscht hat, dass es zu Ostern ein Kleid trägt. Doch das geht nicht. Das Kleid muss weg. Das Kind kann es auf gar keinen Fall anziehen.

Dieses Kind, das da auf dem Teppich sitzt und Löcher in ein Kleid schneidet, das es nicht tragen will, könnte ein cis Mädchen sein, das keine Kleider mag und lieber Hosen trägt. Es könnte ein Kind sein, das irgendwann eine Transition beginnt, weil es eigentlich ein Junge ist. Es könnte auch sein, dass dieses Kind sich irgendwann mit dem Geschlecht, das ihm bei der Geburt zugeordnet wurde, wohlfühlt und eines Tages sehr gerne Kleider tragen wird. Doch dieses Kind bin ich. Und mir war mit diesem Kleid etwas übergestülpt worden, das ich mit aller Kraft loswerden musste. Ich wollte nicht wie ein Mädchen aussehen – auch nicht nur für einen Tag. Und wenn die Erwachsenen unbedingt wollten, dass ich ein Kleid anzog, musste ich eben dafür sorgen, dass ich es nicht anziehen konnte.

Problem gelöst? Nicht ganz. Denn auch, wenn meine Familie zu diesem Zeitpunkt verstanden hatte, mit welcher Vehemenz ich mich gegen das Kleid gewehrt hatte, war die Welt, in der ich mich bewegte, nach diesem Vorfall natürlich noch genauso binär strukturiert wie zuvor. Und das ist sie auch heute noch.

«War bestimmt nur eine Phase», würden einige Menschen zu dieser Anekdote sagen. Ich aber bin überzeugt: All meine Versuche, mich dem binären System anzupassen, waren «nur eine Phase» – oder: viele verschiedene Phasen. In diesen Phasen habe ich viel ausprobiert, um mit der binären Norm klarzukommen. Heute weiß ich: Ein Kleid macht noch keine Geschlechtsidentität, und das Kleid ist auch nicht das Problem, sondern die starre Zweigeschlechterordnung, die es repräsentiert. Ich kann mit dieser Ordnung nichts anfangen. Sie ist mir ein Rätsel. Ich fühle mich von ihr unter Druck gesetzt. Ich passe nicht rein – und ich muss es auch nicht. Heute bin ich erwachsen, kann das benennen und muss keine Kleider mehr zerschneiden. Ich habe ein Wort für etwas, das 1994 zwar bereits existierte, den meisten Menschen aber unbekannt war: Ich bin nichtbinär. Oder andersherum: Die Welt ist binär organisiert, und ich fühle mich an keinem der beiden binären Pole wohl.

Nun ist es nicht besonders ungewöhnlich, wenn Kinder Kleidung zerstören, die sie – aus welchen Gründen auch immer – nicht anziehen wollen. Es gibt diese sehr bekannte Astrid-Lindgren-Erzählung von *Lotta aus der Krachma-*

cherstraße, in der Lotta ebenfalls mit einer Schere riesige Löcher in einen kratzigen Wollpullover schneidet. Lotta möchte – im Gegensatz zu mir – statt des blöden Pullovers lieber ein Samtkleid tragen. Es ist allerdings nicht Sonntag, sondern ein normaler Donnerstag, und Lottas Mutter möchte, dass Lotta den warmen Pullover trägt. Das Kleid dürfe sie dann am Sonntag tragen. Diese Regel ist eine Regel, die genau wie die Regel, dass Mädchen Kleider tragen sollen, weil sie Mädchen sind, – wenn überhaupt – nur für Erwachsene funktioniert. Beides ist keine richtige Begründung, sondern eher ein faules *Darum* ohne tatsächliche Grundlage. «Heute ist Donnerstag» ist genauso wenig ein Grund, kein Kleid zu tragen, wie «Du bist ein Mädchen, und heute ist Ostern» Gründe sind, ein Kleid anzuziehen.

Vielleicht ist so ein kratziger Wollpullover ein ganz gutes Bild für die Zweigeschlechterordnung, unter der einige Menschen leiden, während andere sie gar nicht bemerken: Viele Menschen tragen gern Wollpullover. Doch unterschiedliche Menschen empfinden denselben Pullover als unterschiedlich kratzig. Viele empfinden ihn als angenehm, praktisch und warm. Bei mir kratzt der Pulli aber immer – egal, wie viele Schichten Baumwolle ich darunter anziehe. Irgendwo pikst es immer. Das irritiert mich und macht mich nervös. Außerdem passt der Pulli überhaupt nicht zu mir, und ich kann nicht richtig ich sein, wenn ich gleichzeitig diesen Pulli tragen muss. Ich fühle mich unwohl und verkleidet, wenn ich ihn anziehe.

Die meisten Menschen finden Wollpullover aber total normal – oder sogar ziemlich super und voll *natürlich* – außerdem tragen alle anderen sie auch. *Soooo* kratzig kann die Wolle also wirklich nicht sein! Sie können sich gar nicht vorstellen, dass der Pulli, den sie selbst so warm und angenehm finden, andere kratzt. Sie sind davon überzeugt, dass Wollpullover für alle Menschen – ganz objektiv – eine gute Sache sind, und gehen davon aus, dass die Menschen, die Wollpullover kratzig finden, nur noch nicht lange genug nach dem richtigen gesucht oder ihn falsch gepflegt haben. Für sie steht fest: Am Pullover kann's nicht liegen.

Doch nur weil die meisten Menschen mit Wollpullis klarkommen, heißt das nicht, dass es keine Menschen gibt, für die Wolle untragbar ist. Nur weil die binäre Geschlechterordnung einige Menschen nicht stört – oder ihnen sogar Sicherheit gibt –, bedeutet das nicht, dass es nicht auch Personen gibt, für die sie einfach nicht funktioniert. Und das wäre auch gar kein Problem, wenn die Alternativen nicht wie schräge Abweichungen behandelt und abgewertet, sondern einfach akzeptiert werden würden.

Obwohl Geschlecht von unterschiedlichen Faktoren abhängt, denken viele Menschen, es sei etwas rein Biologisches und würde sich ausschließlich über die Genitalien, Chromosomen und Hormone einer Person definieren[*] und sich an den Genitalien ablesen lassen. Auf dieser Annahme baut in unserer Gesellschaft vieles auf. Menschen, die sich mit dem ihnen bei der Geburt zugewiesenen Geschlecht identifizieren können, mag das kaum auffallen, doch vielen queeren Personen erschwert die ständige Einteilung in «m» oder «w» den Alltag. Ihr Leben wird durch

[*] ... womit ich keinesfalls leugnen möchte, dass es zahlreiche biologisch-medizinische Faktoren gibt, die Menschen beeinflussen.

die omnipräsente Einteilung in zwei Geschlechter beeinträchtigt. Situationen, die für viele cis Personen normal und alltäglich sind, sind für sie oft kompliziert, diskriminierend und schmerzhaft: der Gang zum Amt oder auf eine öffentliche Toilette, das Einkaufen von Kleidung, der Besuch eines Schwimmbads oder Fitnessstudios, der Security Check am Flughafen. Auch in unserer Sprache und in anderen Situationen, in denen das Besuchen öffentlicher Umkleidekabinen oder das Ausfüllen von Formularen notwendig ist, werden wir wieder und wieder damit konfrontiert, dass es in dieser binären und cisnormativen Ordnung keinen Platz für uns gibt. Das fällt cis Personen kaum auf, weil sie sich in das bestehende Entweder-oder-System einordnen können und nicht ständig an die Grenzen der binären Ordnung stoßen. Dennoch sind auch Personen, in denen die Zweigeschlechterordnung keine großen Störgefühle auslöst, permanent von ihr umgeben – sie merken es nur nicht, weil sie sie so sehr verinnerlicht haben, dass es sich *natürlich* anfühlt.

«Je manifester eine gesellschaftliche Übereinkunft wie Zweigenderung ist, desto stärker wird sie als allgemeine oder objektive Wirklichkeit erlebt. Umso schwieriger wird es zu hinterfragen, ob sie denn wirklich so natürlich ist, so alternativlos, wirklich ‹einfach so da ist› und unabänderlich gegeben»,[1] schreiben Lann Hornscheidt (ens) und Lio Oppenländer (ens) in *Exit Gender*. Es ist gar nicht so leicht, die Zweigeschlechterordnung zu kritisieren, weil sie in großen Teilen der Gesellschaft als naturgegeben wahrgenommen und auch als solche verteidigt wird. Aber die Gleichung Genitalien = Geschlecht geht nicht auf. Geschlecht ist vielmehr ein Spektrum, lässt sich nicht ausschließlich mit Biologie erklären und ist ein bisschen komplexer als Penis = männlich und Vagina = weiblich.

Bei unserer Geburt wird uns aufgrund einer Kombination aus Genitalien, Chromosomen und Hormonen ein Geschlecht zugeordnet, das viele Menschen als «biologisches Geschlecht» bezeichnen. In unserer Gesellschaft ist dieses System binär organisiert, mehrheitlich gehen Menschen also davon aus, dass es im «Normalfall» zwei Geschlechter gibt. Kinder, die weder mit eindeutig männlichen noch eindeutig weiblichen «Geschlechtsmerkmalen» auf die Welt kommen, also weder in die eine noch in die andere binäre Kategorie passen, sind inter. Häufig werden die Genitalien dieser Menschen bereits im Säuglingsalter operativ der einen oder anderen Kategorie angeglichen.[2] Sie werden dem binären System angepasst und meist zu einer Vulva verändert, weil dies medizinisch einfacher zu bewerkstelligen ist. In Deutschland sind diese Operationen, sofern sie nicht medizinisch notwendig sind, seit 2022 offiziell verboten.[3]

In der feministischen Theorie und den Gender Studies wurde bis in die 1990er-Jahre – und wird teilweise auch heute noch – zwischen *Sex*, also dem «biologischen Geschlecht» oder «anatomischen Geschlecht», und *Gender* unterschieden, was als «soziales Geschlecht» übersetzt wird und auf den sozialen und gesellschaftlichen Erwartungen basiert, die aufgrund unseres *Sex* an uns gestellt werden. Diese Unterteilung war anfangs hilfreich, um auf die soziale und kulturelle Konstruiertheit von Gender hinzuweisen, doch sie reicht nicht aus, um die Komplexität von Geschlecht zu beschreiben. Die Kritik an der Unterscheidung zwischen *Gender* und *Sex* wurde maßgeblich von der*m Philosoph*in Judith Butler (sie/they) geprägt. Butler betonte 1990 in *Das Unbehagen der Geschlechter*, dass auch *Sex* – also das, was viele Menschen heute immer noch häufig als «anatomisches» oder «biologisches» Geschlecht verstehen – ein kulturell hervorgebrachtes und damit menschengemachtes Konstrukt ist:

> Ja, möglicherweise ist das Geschlecht (sex) immer schon Geschlechtsidentität (gender) gewesen, so daß sich herausstellt, daß die Unterscheidung zwischen Geschlecht und Geschlechtsidentität letztlich gar keine Unterscheidung ist.[4]

Butler stellte mit *Das Unbehagen der Geschlechter* das «biologische Geschlecht» und Zweigeschlechtlichkeit infrage und legte eine Basis für queerfeministische Theorien und Bewegungen. Häufig wurde Butler vorgeworfen, dass Körper nach dieser Denkart «egal» wären. Das sind sie (auch nach Butler[5]) nicht – leider oder noch nicht. Entscheidend ist, dass Cisnormativität und das binäre Geschlechtersystem unsere Wahrnehmung von Körpern einengen und oft voller Gewalt stecken. Die Perspektive, dass selbst das «biologische Geschlecht» vor allem eine gesellschaftliche Norm ist, ist natürlich radikal, mag viele auch verunsichern. Gleichzeitig liegt darin auch das Potenzial, sich genau von dieser Norm zu befreien: «Wer die binäre Geschlechterordnung in Frage stellt, stellt immer auch die Machtfrage. Weil er und sie [Anm. d. Autor*in: oder dey] damit auch die Hierarchie der Geschlechter in Frage stellen. Das ist das große Freiheitsversprechen der Judith Butler»,[6] schreibt Heide Oestreich in der *taz*.

Um zu betonen, dass auch *Sex* menschengemacht ist, sprechen heute viele Menschen nicht mehr vom «biologischen» oder «anatomischen» Geschlecht, sondern vom «bei der Geburt zugeordneten Geschlecht». Das ist konkreter und geht weg von der Annahme, dass Körper qua Geburt entweder «männlich» oder «weiblich» sind und dass diese Labels natürliche und unveränderbare Gegebenheiten sind. Das heißt allerdings weder, dass es keine Unterschiede zwischen Körpern gibt, noch, dass das Geschlecht, das uns bei der Geburt zugeordnet wird, folgenlos wäre. Im Gegenteil: Wir entwickeln uns nicht im luftleeren Raum, und die Geschlechterrollen und Konzepte, die wir alle über männliche und weibliche Menschen mit uns herumtragen, wie auch die Ansprüche und Annahmen, die aufgrund des Geschlechts, das uns bei der Geburt zugeordnet wird, an uns gestellt werden, haben einen Einfluss auf uns, unsere Beziehungen und unseren Umgang mit anderen Menschen – ob wir wollen oder nicht. Menschen, denen bei der Geburt das männliche, und Menschen, denen bei der Geburt das weibliche Geschlecht zugeordnet wird, werden in unserer Gesellschaft unterschiedlich behandelt. Wir alle haben bestimmte Konzepte von Männlichkeit und Weiblichkeit und daran geknüpfte Erwartungen in unseren Köpfen, wenn wir anderen Personen begegnen. Dass es weiblich sozialisierten Personen häufiger schwerfällt, sich abzugrenzen, sie häufig verständnisvoll, sanft und freundlich agieren, eher zuhören oder mehr Care-Arbeit übernehmen und es männlich sozialisierten Menschen häufig schwerfällt, sich einen Therapieplatz zu suchen oder über Gefühle zu reden, hat mit genderspezifischer Sozialisation und den binären Geschlechterrollen zu tun, die tief in unserer Gesellschaft und unserem Denken verankert sind. Beides muss nichts mit der Geschlechtsidentität und auch nicht mit dem Geschlechtsausdruck einer Person zu tun haben: Eine Person kann nicht-binär und/oder trans sein und trotzdem von den Geschlechterrollen geprägt worden sein, die der Person im Laufe ihres Lebens durch das Geschlecht, das ihr bei ihrer Geburt zugeordnet wurde, begegnet sind. Ich bin nicht-binär und wurde zwar halbwegs geschlechtsoffen erzogen, aber trotzdem weiblich sozialisiert, was zur Folge hat, dass die Stereotype, Klischees und Erwartungen, die unsere Gesellschaft an Mädchen und Frauen stellt, nicht spurlos an mir vorbeigegangen sind, sondern einen Einfluss auf mich und meine Persönlichkeit haben. Geschlechtsspezifische Sozialisation ist so binär wie real. Und sie prägt uns alle. Doch das Zurückführen bestimmter Verhaltensweisen auf genderspezifische Sozialisation ist nicht das Gleiche wie «typisch Mann» oder «typisch Frau».

Wenn wir präzise über Geschlecht sprechen möchten, kommen mehr Begriffe ins Spiel als nur *Mann* und *Frau* und *Sex* und *Gender*. Wer über Geschlecht sprechen will, muss genau sein und zwischen Geschlechtsidentität, Geschlechtsausdruck, Geschlechterrollen, Sozialisation unterscheiden, am besten auch gleich Pronomen mitnennen und das eigene Sprechen reflektieren. Das kann zum Beispiel so aussehen: Ich nutze keine Pronomen und bin eine nicht-binäre Person, der bei der Geburt das weibliche Geschlecht zugeordnet und die weiblich sozialisiert wurde. Obwohl ich selbst meinen Geschlechtsausdruck als neutral empfinde, werde ich häufig weiblich gelesen, weil mein Körper weiblich gelesen wird. Wie andere mich lesen, ändert aber nichts an meinem Geschlecht. Auch wenn ich ein Kleid trage oder mich schminke, bin ich nicht-binär.

Menschen, die sich mit dem Geschlecht, das ihnen bei der Geburt zugeordnet wurde, identifizieren können[*] (die der Wollpullover nicht kratzt), sind cis oder cisgeschlechtlich – ihre Geschlechtsidentität stimmt mit dem Geschlecht, das ihnen bei der Geburt zugeordnet wurde, überein. Cis ist eine neutrale Beschreibung, die uns helfen kann, bestimmte Dinge konkreter zu benennen. Ohne diese Konkretisierung verschleiern wir die Tatsache, dass es auch Menschen gibt, deren Geschlecht nicht mit dem übereinstimmt, das ihnen bei ihrer Geburt zugeordnet wurde; und wenn wir weiter ausschließlich von Männern und Frauen reden, erhalten wir das binäre System aufrecht. Stimmen Geschlechtsidentität und bei der Geburt zugeordnetes Geschlecht nicht überein, ist eine Person trans, genderfluid, nicht-binär, agender, genderqueer, queer, gender-nonconforming oder etwas anderes. Häufig gehen diese Begriffe, die immer Selbstbeschreibungen sind, ineinander über und sind nicht immer trennscharf voneinander abgrenzbar. So bezeichnen sich einige nicht-binäre Personen zum Beispiel auch als trans, aber nicht

[*] «Sich identifizieren» ist nichts, was Menschen sich «aussuchen», sondern betrifft fundamental die Existenz und Identität einer Person.

alle trans Personen sind nicht-binär. Und auch unter denjenigen, die trans, nicht-binär, genderfluid, agender, inter oder queer sind, gibt es – wie unter cis männlichen und cis weiblichen Personen auch – große Unterschiede. Sowohl trans als auch nicht-binär sind Sammelbegriffe, die keine weiteren starren Kategorien sein sollen, sondern die so angelegt sind, dass sie für viele Menschen funktionieren, die von der cisgeschlechtlichen und binären Norm abweichen.

Ich nutze nicht-binär in diesem Buch als Sammelbegriff für Personen, die sich weder als männlich noch weiblich, irgendwo dazwischen, mal mehr, mal weniger oder ganz außerhalb der Zweigeschlechterordnung verorten. Weil nicht-binär ein *umbrella term* ist, vereinen sich darunter sehr viele unterschiedliche Menschen. Einige Personen transitionieren binär und sind nicht-binär, manche nehmen Hormone oder lassen geschlechtsangleichende Operationen durchführen, andere verändern nichts an ihren binär gelesenen Körpern und sind dennoch nicht-binär. Manche Menschen ändern ihren Namen oder ihre Pronomen, andere lassen alles so, wie es ist, und sind trotzdem nicht-binär. Vielen nicht-binären Menschen ist es sehr wichtig, auch nicht-binär gelesen zu werden. Manche fordern das binäre System auch visuell heraus, und viele nicht-binäre Personen stört es, wenn sie binär gelesen werden. Doch wir können nicht vom Aussehen einer Person auf deren Geschlecht schließen. Nicht alle Menschen, die androgyn aussehen, sind nicht-binär und nicht alle nicht-binären Menschen sehen androgyn aus. Nicht alle nicht-binären Menschen korrigieren andere, wenn sie falsch gegendert werden. Nicht alle nicht-binären Menschen geben sich ein Label. Nicht alle nicht-binären Menschen sprechen über ihre Geschlechtsidentität, und nicht alle nicht-binären Menschen verwenden dieselben Pronomen. Manche verwenden binäre Pronomen (*sie* oder *er*), manche benutzen *es* als vorhandenes, geschlechtlich uneindeutiges Pronomen, andere verzichten komplett auf Pronomen und verwenden ausschließlich ihren Namen, manche nutzen Neopronomen wie *dey*, *sier*, *sie*er*, *ens* oder *xier* und für andere sind alle Pronomen okay.

Nicht-binär kann vieles sein, und das ist einerseits die Stärke des Labels, weil es so offen, unvoreingenommen, klischeefrei und vielseitig ist, dass viele, die mit dem Entweder-oder-System strugglen, dort einen Platz finden. Gleichzeitig macht es die – nennen wir es mal – Öffentlichkeitsarbeit dafür nicht unbedingt einfacher. Viele Menschen verstehen Nicht-Binarität nicht, weil sie ebenso vieles auf einmal meint. Weil wir so sehr gewohnt sind, in Schubladen und Kategorien zu denken, ist das Label «nicht-binär» für viele Menschen nicht so leicht greifbar und überfordernd. Dabei macht es genau das aus: dass es vieles sein kann und damit eine Alternative zum binären System bietet. Für mich funktioniert das Label vor allem, weil es vieles einschließt, aber eines konkret ausschließt: die Verortung des eigenen Geschlechts an einem der beiden Pole im binären System. Zwar ist nicht-binär kein besonders schönes Wort und definiert sich ausschließlich darüber, was es nicht ist, doch es ist konkreter als viele andere Labels, indem es starre Zweigeschlechtlichkeit ablehnt und auch als Kern des Problems benennt.

Womöglich sind an dieser Stelle einige Menschen verwirrt, dass ich permanent von der Zweigeschlechterordnung schreibe. Schließlich gibt es seit Ende 2018 doch auch in Deutschland die sogenannte *Dritte Option* und bereits seit 2013 die Variante *gestrichen*. Hier ist ein «drittes Geschlecht» offiziell anerkannt, und viele Menschen kennen die Aufzählung «m, w, d» aus Stellenanzeigen. Doch abgesehen von der Tatsache, dass es in den Köpfen der meisten Menschen trotz Einführung der Dritten Option *eigentlich* nur Männer und Frauen gibt und es noch nicht einmal mehr als zwei Anreden gibt, ist auch «divers» nicht wirklich divers, weil sich die Dritte Option (wie auch die Möglichkeit, den Geschlechtseintrag streichen zu lassen) bisher ausschließlich auf medizinisch diagnostizierte Variationen der «Geschlechtsmerkmale» bezieht. Damit eine Person ihren Personenstand nachträglich in «divers» ändern kann, muss bisher noch ein medizinischer Nachweis vorgelegt werden, der eine «sogenannte ‹Variante der Geschlechtsentwicklung› attestiert».[7] Nicht-binäre und trans Personen ohne ärztlich attestierte «Variante der Geschlechtsentwicklung» sind davon noch ausgeschlossen, und aus diesem Grund wird die Dritte Option von inter und trans Verbänden stark kritisiert.[*] Mit dem Selbstbestimmungsgesetz könnte sich das bald ändern, und auch

[*] Übrigens ist auch inter keine starre Kategorie. Genau wie cis Frauen, cis Männer, trans Frauen und trans Männer, nicht-binäre, genderfluide, trans und queere Personen sind Menschen, die inter sind, vor allem auch eins: vielfältig. Auch inter Personen können männliche, weibliche, nicht-binäre, genderqueere oder trans Identitäten haben, und daher sprechen sich viele inter Aktivist*innen und Organisationen in Deutschland auch dagegen aus, dass inter als «drittes Geschlecht» verstanden wird.

das Bundesverfassungsgericht erkennt an, «[...] dass die Zugehörigkeit eines Menschen zu einem bestimmten Geschlecht nicht allein von seinen körperlichen Geschlechtsmerkmalen, sondern wesentlich auch von seiner subjektiven Geschlechtsidentität bestimmt wird».[8]

Dass es eine Dritte Option gibt, heißt nicht, dass die Zweigeschlechterordnung damit aufgebrochen ist, und auch das Selbstbestimmungsgesetz wird nicht schlagartig dafür sorgen, dass das binäre System sich in Luft auflöst. Wir haben sie verinnerlicht und uns lange an ihr orientiert. Neben der extrem wichtigen rechtlichen Grundlage muss sich auch in unseren Köpfen etwas ändern, wenn wir tatsächliche Geschlechtergerechtigkeit wollen: Wir müssen verlernen, dass Geschlecht etwas Starres, Binäres und Biologisches ist, und akzeptieren, dass es mehr gibt als nur Männer und Frauen – und zwar nicht nur theoretisch, sondern ganz real.

ZWEi

Biologismus: Stumpf ist Trumpf

Wie sehr binäres Denken unseren Alltag durchdringt, lässt sich durch zahlreiche Beispiele belegen. Dabei sind die Erzählungen und Vergleiche, derer sich die Verfechter*innen der starren Zweigeschlechterordnung bedienen, oft ziemlich seltsam. So nennen sie immer wieder Beispiele aus der Tier- und Pflanzenwelt, um damit ihre Behauptung zu verteidigen, dass es nur zwei – in ihren Worten «biologische» – Geschlechter gebe. Doch abgesehen davon, dass auch in der Natur Organismen mit mehr als zwei Geschlechtern existieren[1] und Tiere, die ihr Geschlecht wechseln,[2] sind wir weder Pilze noch Einzeller, Schnecken, Blobs, Fische oder Vögel, sondern Menschen und damit soziale Wesen, die in Gesellschaften leben und von ihrer Umwelt und der Kultur, in der sie aufwachsen, sowie den damit einhergehenden Geschlechterrollen, gesellschaftlichen Normen und Zwängen geprägt werden.

Nur weil etwas menschengemacht ist, heißt es nicht, dass es nicht wahr ist oder keine Auswirkungen auf uns hätte. Im Gegenteil: Die meisten großen Probleme, Krisen und Katastrophen sind menschengemacht: Kriege, Klimakrise, Kapitalismus, Pandemien, soziale Ungleichheit, Artensterben, Ressourcenknappheit, Rassismus, Antisemitismus, Sexismus und andere Formen der Unterdrückung und Gewalt. Selbst die Dinge, die wir als natürlich wahrnehmen, sind menschengemacht, und nicht einmal Wiesen und Wälder wachsen einfach so *von Natur aus*, sondern werden von Menschen gepflanzt. Wir pflanzen Bäume, legen Äcker, Wiesen, Parks und künstliche Seen an, unser Wasser kommt aus dem Hahn, und unsere Lebensmittel kommen aus dem Supermarkt. Wir tragen Kleidung und Frisuren, leben in Häusern, laufen über asphaltierte Wege und fahren mit Fahrrädern oder Autos, kommunizieren via Smartphone und halten uns einen Großteil unserer Zeit in virtuellen Räumen auf. Wenn wir krank sind, nehmen wir Medikamente. Wir feiern Geburtstage, gehen arbeiten und ins Kino. Für unsere Arbeit bekommen wir Geld, das wir für Miete, Strom und Lebensmittel wieder ausgeben – so gut wie nichts in unserem Alltag ist natürlich. Wir sind Menschen, keine Mikroorganismen; und dadurch, dass wir uns als Menschen durch diese Welt bewegen und uns diese Welt zu eigen machen, ist fast alles um uns herum von uns geprägt und damit *unnatürlich*. Obwohl – oder vermutlich eher weil – in unserer Welt so gut wie alles menschengemacht ist, ist «natürlich» für viele Menschen nach wie vor ein Synonym für «besser», «echter» oder «gesünder». Und das ist gefährlich. Es führt zum Beispiel dazu, dass Menschen sich nicht impfen lassen, weil sie lieber den «natürlichen» Weg einer Infektion gehen wollen und damit Risikogruppen und sich selbst gefährden oder dass sie evidenzbasierte Medizin ablehnen und stattdessen an Homöopathie, Kristalle, Energiefelder und Heiler*innen glauben, deren Kompetenz und Wirkung, die über einen Placebo-Effekt hinausgeht, fragwürdig ist. Aber Hauptsache, *natürlich*!

Geschlecht ist nicht ausschließlich durch biologische Faktoren bestimmt, sondern zu großen Teilen sozial konstruiert und kulturell geprägt, und dennoch weisen verschiedene Menschen in verschiedenen Kontexten mit verschiedenen Zielen immer wieder auf vermeintlich *natürliche* «biologische Unterschiede» zwischen den Geschlechtern hin. «Die These, nach der der Mensch ausschließlich oder überwiegend von seiner biologischen Natur bestimmt wird und nicht von seiner sozialen bzw. kulturellen Umwelt»,[3] wird als *biologischer Determinismus* bezeichnet, und das Verallgemeinern und Übertragen von Gesetzlichkeiten aus der Biologie zu «einheitlichen Gesetzen der realen Welt»[4] nennt sich *Biologismus.*

Gerade im Zusammenhang mit angeblich natürlichen Unterschieden zwischen den Geschlechtern greifen Menschen auch heute noch häufig auf biologistische Argumente zurück.[5] Vermeintlich evolutionär, genetisch, natürlich oder biologisch begründete unveränderliche Unterschiede zwischen den Geschlechtern scheinen sich immer noch extrem gut zu verkaufen. Ein aktuelles Beispiel dafür, wie gut stumpfer Biologismus sich vermarkten lässt, ist der kanadische Bestsellerautor und Alt-Right-Posterboy Jordan Peterson. In seinem Buch *12 Rules For Life: Ordnung und Struktur in einer chaotischen Welt*, das weltweit über fünf Millionen Mal verkauft wurde, stellt er Regeln auf, die jungen Menschen dabei helfen sollen, mit der «chaotischen Welt» zurechtzukommen. Dabei beschreibt er das Chaos als symbolisch weiblich und Ordnung als männlich[6] und vergleicht die menschliche Psyche mit der von Hummern, um ein vermeintlich *natürliches* männliches Dominanzverhalten zu legitimieren.[7] Peterson überträgt die Hummer-Hierarchie[*] auf Menschen[8] und behauptet, es gebe eine Art naturgegebene Rangfolge von erfolgreichen Menschen und Losern.[9] So weit, so absurd. Doch Peterson ist mit seinen biologistischen Thesen über *natürliche* Unterschiede zwischen «den zwei Geschlechtern» nicht allein. Männerrechtler, Incels und andere Rechte greifen immer wieder auf Beispiele aus dem Tierreich zurück, um ihre Ideologien vom dominanten Alpha Male zu legitimieren,[10] und auch in vermeintlich feministischen Kreisen wird gerne über «die biologischen Geschlechter»[11] diskutiert. Doch was bringt es uns, über Gameten, Gonaden und Genitalien zu diskutieren, statt an Geschlechter gebundene Machtverhältnisse, Gewalt und Diskriminierung zu thematisieren, um sie irgendwann endlich aufbrechen zu können? Menschen sind mehr als ihre Fähigkeit zur Reproduktion, und die ständige Betonung eines «biologischen Geschlechts» ist nicht nur fragwürdig, sondern führt auch nicht weiter. Selbstverständlich gibt es Unterschiede zwischen Körpern, und einige Körper können sich in Kombination mit anderen Körpern fortpflanzen, doch die Kategorisierung und die Unterschiede, die zwischen diesen Körpern auf-

[*] Ob es ein Zufall ist, dass Elon Musks Halloween-Kostüm 2022 schwer nach einem Hummer aussah?

gemacht werden, sind vor allem sozial konstruiert und kulturell geprägt. Die binären und vermeintlich *natürlichen* Kategorien sind die Grundlage des Patriarchats. Sie sind der Kern der Unterdrückung, denen alle Menschen, die nicht cis männlich sind, in dieser Gesellschaft ausgesetzt sind. Und *mann* muss nicht mal ein *Alpha Male* sein, um davon zu profitieren. Schließlich ist unsere ganze Welt auf cis Männer ausgelegt.

Das hat die Journalistin Rebekka Endler (sie/ihr) in ihrem Buch *Das Patriarchat der Dinge* ausführlich beschrieben. Sie erklärt darin, wie patriarchales Design unseren Alltag prägt: Architektur, Medizin, Verkehrsmittel und deren Sicherheit, der öffentliche Raum – all das ist auf cis Männer ausgelegt. Dass der cis männliche Körper nach wie vor als Norm gilt, schließt nicht nur aus, sondern ist auch gefährlich. So orientiert sich der europäische und US-amerikanische Standard bei Schutzkleidung an durchschnittlichen *weißen* cis Männern,[12] und auch in der Unfallforschung und der Automobilindustrie wurden bis ins Jahr 2022 ausschließlich Crashtest-Dummys verwendet, denen der Körper eines durchschnittlichen cis Mannes als Vorbild diente. In den USA und der EU ist dieser Dummy 1,75 Meter groß, wiegt 78 Kilo,[13] hat keine Brüste und orientiert sich bei der Körperfett- und Muskelverteilung an der Anatomie von cis Männern. Behinderte Personen, Kinder, Schwangere, cis Frauen und andere Menschen, die nicht cis männlich sind, spielten bei den Sicherheitstests bis dato keine Rolle. Und das ist fatal: Die Wahrscheinlichkeit, dass Menschen, die nicht able bodied und cis männlich sind, bei Unfällen schwerer verletzt werden, ist hoch – und das erhöhte Risiko durch Studien bestätigt.[14] Erst 2022 wurde ein erster Crashtest-Dummy entwickelt, der an die Anatomie von cis Frauen angelehnt ist.[15] Es gibt jedoch bisher keine Verpflichtung, diesen Dummy auch flächendeckend einzusetzen.

Auch in der Medizin ist der Maßstab nach wie vor cis männlich. So orientieren sich zum Beispiel die Atemschutzmasken, auf die wir seit Beginn der Pandemie alle angewiesen sind, an der durchschnittlichen Kopfgröße eines cis Mannes und sind vielen anderen Menschen schlicht zu groß.[16] Es gibt nicht nur einen *Gender Pay* und *Gender Care Gap*, sondern auch einen *Gender Health Gap*. Und da kommen gleich mehrere Probleme zusammen: Neu zugelassene Arzneimittel werden häufig an vorrangig cis männlichen Versuchsgruppen getestet, wirken bei Personen, die nicht cis männlich sind, aber teilweise anders. Außerdem werden Menschen, die nicht cis männlich sind, häufig fehldiagnostiziert oder nicht erst genommen.[17] Der *Gender Health Gap* zeigt sich auch fast immer da, wo es um die Gebärmutter geht. So hat die Krankheit Endometriose, bei der sich Gewebe, das der Gebärmutterschleimhaut ähnelt, außerhalb der Gebärmutter im Bauchraum und an den benachbarten Organen ansiedelt, zwar mittlerweile ein bisschen mehr Öffentlichkeit als noch vor zehn Jahren, dafür, dass es sich dabei um die zweithäufigste gynäkologische Erkrankung handelt,[18] wird aber immer noch viel zu wenig darüber aufgeklärt und geforscht. Die Krankheit betrifft schätzungsweise jede zehnte Person mit Gebärmutter, ist extrem schmerzhaft, wurde und wird aber häufig nicht diagnostiziert, nicht ernst genommen, als «normale Regelschmerzen» oder mit Worten wie «Dann nehmen Sie halt Schmerzmittel» abgetan. Vom Auftreten der ersten Symptome bis zur Diagnose vergehen durchschnittlich etwas mehr als zehn Jahre,[19] und bis heute ist Endometriose noch nicht besonders gut erforscht.[20] In vielen Bereichen der Medizin fehlen außerdem Daten zu Personen, die nicht cis männlich sind – und da haben wir mit dem *Gender Data Gap* schon die nächste geschlechtsspezifische Lücke im System.[21] Die Perspektive, die cis Männer als Norm setzt oder synonym zu *Mensch* verwendet, nennt sich Androzentrismus.[22] Wenn cis Männer synonym zum neutralen, universellen Mensch gedacht werden, sind cis Frauen bereits eine Abweichung davon – von Geschlechtern jenseits der binären und cisgeschlechtlichen Norm ganz zu schweigen.

All diese geschlechtsspezifischen strukturellen Unterscheidungen und Probleme spielen in einer patriarchalen Gesellschaft eine Rolle und müssen wieder und wieder thematisiert werden, wenn wir Geschlechtergerechtigkeit wollen. Sie rühren aber nicht von «der Natur der zwei biologischen Geschlechter» her, sondern sind gesellschaftliche Normen, die an Zweigeschlechtlichkeit gebunden sind. Das Hinweisen auf strukturelle Probleme in der Forschung oder die Forderung nach geschlechtersensibler Medizin, das Aufklären über geschlechtliche Vielfalt und das Aufbrechen der binären Geschlechterordnung sollten nicht getrennt voneinander, sondern zusammen gedacht werden.

Es ist möglich, darauf hinzuweisen, dass unsere Welt in vielerlei Hinsicht auf cis Männer ausgelegt ist – und auch cis Frauen im Patriarchat benachteiligt werden –, und dabei gleichzeitig dafür zu kämpfen, dass geschlechtliche Vielfalt und die Aufklärung darüber anerkannter wird. Das Thematisieren geschlechtlicher Vielfalt und die Kritik an Patriarchat und Androzentrismus schließen einander nicht aus, sondern gehören zusammen. Das Grundproblem ist schließlich nicht, dass es *natürliche* Unterschiede zwischen «den biologischen Geschlechtern» gibt, sondern dass die Welt, in der wir leben, für cis Männer gemacht ist und alle, die nicht cis männlich sind, in dieser Welt – in unterschiedlichen Abstufungen – benachteiligt werden.[*]

[*] Das heißt allerdings nicht, dass nicht auch cis Frauen und queere Menschen gemeinsame Sache mit dem Patriarchat machen können. Personen wie Alice Weidel, Georgia Meloni, Alice Schwarzer, J. K. Rowling und andere TERFs stehen beispielhaft dafür, dass auch (queere) cis Frauen mit dem Patriarchat paktieren können. Aber dazu später mehr.

DREi

Geschlechtergerechtigkeit: Mind the Gaps!

Im Februar 2022 flüchten Zehntausende Menschen aus der Ukraine in die Nachbarländer. Expert*innen und Politiker*innen sprechen von der größten und schnellsten Fluchtbewegung innerhalb Europas seit dem Zweiten Weltkrieg und der ukrainische Staatspräsident Wolodymyr Selenskyj ordnet an, dass Männer zwischen 18 und 60 Jahren das Land nicht mehr verlassen dürfen, weil sie die Ukraine gegen die russische Invasion verteidigen müssen. Es ist wie in vergangenen Kriegen: Frauen dürfen gehen, Männer müssen bleiben.

Journalist*innen und Menschenrechtsorganisationen berichten über Grenzpolizist*innen, die rassifizierten Personen und flüchtenden Menschen ohne ukrainischen Pass den Grenzübertritt erschweren.[1] Neben dem allgegenwärtigen Rassismus sind auch längst überholt geglaubte Rollenbilder in dieser humanitären Katastrophe omnipräsent: die schwache Frau, der starke Mann. Die Bedürftigen und die Kämpfer. Wie automatisch verfallen wir in dichotome Kategorien, die an Geschlechter gebunden sind. Doch auch nicht alle Frauen dürfen die Ukraine verlassen: Neben rassifizierten Menschen und Personen mit nicht ukrainischem Pass werden auch trans Frauen an den Grenzen daran gehindert, in die Nachbarländer zu fliehen. In den ersten Wochen des russischen Angriffskriegs erscheinen Berichte von transfemininen Personen, die flüchten wollen, aber an der Grenze festgehalten werden.[2] Es sind Frauen, die fliehen möchten, aber nicht dürfen, weil sie noch keine Personenstandsänderung hinter sich haben.[3] Frauen, die in offiziellen Dokumenten noch als «männlich» gelten und die Ukraine aus diesem Grund nicht verlassen dürfen. Frauen, die auch ohne Krieg bereits von Diskriminierung betroffen sind.

Durch die sozialen Netzwerke rollt währenddessen eine Welle der Transfeindlichkeit. Wann immer Aktivist*innen darauf hinweisen, dass trans Frauen derzeit die Ausreise erschwert wird, füllt sich die Kommentarspalte mit transfeindlichen Äußerungen.[4] Was vielen Menschen – gerade im Angesicht eines Krieges – wie ein Nischenproblem vorkommen mag, ist Ausdruck einer tiefliegenden cisnormativen und binären Struktur, die unsere Gesellschaft durchzieht und so tief in unserem Denken und Handeln verankert ist, dass viele Menschen sie für naturgegeben halten und im Alltag kaum bemerken. Nicht erst die Annahme, dass Männer automatisch Soldaten und Frauen automatisch bedürftig sind, ist problematisch, sondern die Einteilung an sich. Gerade in Extremsituationen klammern wir uns an Dichotomien und Binaritäten, weil die Welt sich so (kurzfristig) leichter begreifen lässt, doch wir werden der Welt, unseren Mitmenschen und uns selbst nicht gerecht, wenn wir sie in zwei Teile teilen, die einander gegenüberstehen.

Viele Menschen denken, Geschlechtergerechtigkeit sei längst erreicht – oder zumindest fast. Doch in Wirklichkeit klafft sowohl zwischen cis Männern und cis Frauen als auch zwischen cis Personen und allen anderen Geschlechtern in Sachen Gerechtigkeit immer noch eine breite Lücke. Auch wenn wir in vielen Bereichen Fortschritte machen, sind wir von einer Gesellschaft, in der alle Menschen sicher und gleichberechtigt leben können, noch sehr, sehr weit entfernt. Während sich Promis als nicht-binär outen, Netflix queere Serien und H&M Fast Fashion mit «Feminist»-Aufschrift produziert, hat sich an den wirklich wichtigen Punkten noch nicht besonders viel getan.

Fortschritt ist nicht linear, und mit der Entwicklung auf der einen Seite kommt der Rückschritt auf der anderen: Während der Paragraf 219a, der noch aus der NS-Zeit stammt und Ärzt*innen bis ins Jahr 2022 verbot, öffentlich über Schwangerschaftsabbrüche zu informieren, abgeschafft wird und die Ampelkoalition angekündigt hat, das Transsexuellengesetz, das trans Personen eine Personenstandsänderung derzeit noch erschwert und in dem nichtbinäre Menschen gar nicht erst berücksichtigt werden, durch ein Selbstbestimmungsgesetz zu ersetzen, finden wir andererseits – sowohl in Deutschland als auch in vielen anderen Ländern auf der Welt – einen Rückwärtstrend vor: In Berlin hat sich die Anzahl der gemeldeten queerfeindlichen Straftaten innerhalb der letzten vier Jahre verdoppelt,[5] und die Behörden gehen von einer hohen Dunkelziffer aus. Während bekannte deutsche Comedians auf

Instagram Witze über K.-o.-Tropfen reißen, registriert die Polizei in Deutschland jeden Tag einen Tötungsversuch an einer Person mit weiblichem Geschlechtseintrag. An jedem dritten Tag geschieht in Deutschland ein Femizid.[6]

Der Oberste Gerichtshof in den USA kippt 2022 das landesweit geltende Recht auf Schwangerschaftsabbrüche,[7] und der Papst vergleicht Abtreibungen mit Auftragsmord.[8] Auch 2022 verdienen cis Frauen immer noch schlechter als cis Männer und leisten mehr unbezahlte Care-Arbeit, und während die Wahrscheinlichkeit eines Suizidversuchs bei trans Jugendlichen hoch ist,[9] forcieren Republikaner*innen in den USA 2021 in zwanzig Bundesstaaten Gesetze, die die Behandlung von trans Jugendlichen erschweren sollen.[10] Als 2021 mit Nyke Slawik (sie/ihr) und Tessa Ganserer (sie/ihr) zum ersten Mal in der Geschichte (geoutete) trans Frauen in den Bundestag einziehen, behaupten transexkludierende Feminist*innen, das *Emma Magazin* und die Initiative *Geschlecht zählt*, Ganserer würde das Frauenstatut der Grünen unrechtmäßig ausnutzen.[11]

Während im Iran im Herbst 2022 feministische Weltgeschichte geschrieben wird, gewinnt in Deutschland mit Kim de l'Horizon (dey/dem/keine) erstmals eine geoutete nicht-binäre Person den Deutschen Buchpreis. Im Anschluss an die Auszeichnung wird de l'Horizon laut de l'Horizons Verlag queerfeindlich bedroht und muss von einem Sicherheitsdienst geschützt werden.[12]

Dass trans und nicht-binären Personen keine Bundestagsmandate, keine Buchpreise und nicht einmal ein entspanntes Bewegen im öffentlichen Raum gegönnt wird, ist leider keine Überraschung. Transfeindliche Ressentiments sind unter anderem auch ein Ergebnis davon, dass viele große Medienhäuser seit Jahren transfeindliche Texte veröffentlichen – und viele Menschen denken, es sei völlig normal, darüber zu diskutieren, ob trans Personen nun existieren (dürfen) oder nicht. Mit der Veröffentlichung trans- und queerfeindlicher Texte, die sie als *Meinung*, *Streitschrift* oder Teil einer *Debatte* labeln, zementieren Kolumnist*innen, Verlage und Medienhäuser immer wieder die Annahme, dass die Existenz von nicht-binären und trans Personen etwas sei, über das es zu debattieren gelte.

Einer dieser Kolumnist*innen ist der *ZEIT*-Kolumnist Harald Martenstein, der in seinen Texten immer wieder traditionelle Geschlechterrollen reproduziert, sich über Gender Studies,[13] Feminismus und marginalisierte Gruppen lustig macht[14] und mit Texten, in denen der Eindruck entsteht, marginalisierte Gruppen würden die Welt beherrschen,[15] Öl in das Feuer aufgebrachter Konservativer, Männerrechtler und Antifeminist*innen kippt. Eine ähnliche Klientel bedient sein Kollege Jan Fleischhauer, der sich in einer seiner *Focus*-Kolumnen mit dem Titel *Sagen Sie bloß nichts Falsches über Vaginas! Oder die Transaktivisten eröffnen die Jagd auf Sie* auf den Fall Kathleen Stock bezieht. Die britische Philosophin Kathleen Stock war im Herbst 2021 als Professorin an der University of Sussex zurückgetreten, nachdem sie als transfeindlich kritisiert worden war und Studierende ihre Entlassung gefordert hatten.

Stock hatte zuvor unter anderem die Meinung vertreten, trans Frauen seien «immer noch Männer mit männlichen Genitalien».[16] Stock zufolge sollten Räume, in denen cis Frauen sich ausziehen oder schlafen, nicht uneingeschränkt auch trans Frauen offenstehen.[17] Außerdem warnte sie, trans Frauen könnten cis Frauen ihnen zustehende politische Ämter streitig machen.[18] All das sind Positionen, die suggerieren, von trans Personen – insbesondere trans Frauen – würde eine Gefahr für cis Frauen ausgehen – und damit durchaus Positionen, die mindestens umstritten sind. Wer derartige Positionen äußert, muss damit rechnen, kritisiert zu werden.

Fleischhauer bezeichnet diesen Fall als «Wendepunkt», um ein dunkles Zukunftsszenario zu skizzieren, in dem die Welt von trans Personen beherrscht wird, die frei denkende cis Menschen reihenweise aus ihren Jobs mobben: «Wenn wir zulassen, dass Menschen verfolgt und aus ihrem Job getrieben werden, weil sie an die Realität der Geschlechter glauben, dann sind wir auf dem Weg in einen langen, dunklen Tunnel, der noch sehr viel länger und dunkler sein wird als der, in dem Kathleen Stock gerade verschwunden ist»,[19] so Fleischhauer in seiner Kolumne. Er framt die Geschichte so, dass der Eindruck entsteht, es gäbe eine mächtige Gruppe von trans Aktivist*innen, die bereit ist, Gewalt anzuwenden, um cis Personen aus ihren Machtpositionen zu dissen. Ein Klassiker der transfeindlichen Erzählungen, die insbesondere in den Medien des Springer Verlags, aber auch in anderen deutschen Medienhäusern regelmäßig bedient werden. Aber dazu später mehr.

Die Angst vor geschlechtlicher Vielfalt erinnert an die jahrelange Debatte um die Abschaffung des Paragrafen 219a. Nachdem dieser bereits aus dem Strafgesetzbuch gestrichen wurde, soll das Transsexuellengesetz bald durch ein Selbstbestimmungsgesetz ersetzt werden. Unter den Gegner*innen beider Gesetzesreformen versammeln sich christliche Fundamentalist*innen, offen Rechtsradikale, (Neue) Rechte und Konservative. Doch anders als beim Thema Schwangerschaftsabbruch sind bei der Stimmungsmache gegen geschlechtliche Selbstbestimmung und das Selbstbestimmungsgesetz auch vermeintliche Feminist*innen ganz vorne mit dabei: Unter den Kritiker*innen des Selbstbestimmungsgesetzes finden sich nämlich nicht ausschließlich autoritäre cis Männer und fundamentale Christ*innen, sondern auch zahlreiche TERFs, also selbst ernannte radikale Feminist*innen, die trans Personen explizit ausschließen. Sie selbst bezeichnen sich meist nicht als TERFs, sondern als Genderkritiker*innen oder genderkritische Feminist*innen und geben sich auf Social Media häufig mit einem Kiwi-Emoji im Profil zu erkennen. Weil es weibliche und männliche Kiwis gibt, wurde die Kiwi (die Pflanze, nicht der Vogel) zum Symbol der TERF-Bewegung. Die weltweit bekannteste TERF ist wohl die britische Autorin und *Harry-Potter*-Erfinderin J.K. Rowling, die sich immer wieder offen auf Twitter und in anderen Medien gegen Transrechte ausspricht.[20] In Deutschland ist *Emma*-Chefin Alice Schwarzer die prominenteste Vertreterin dieser Art von Feminismus in Anführungsstrichen. Je mehr der Diskurs um geschlechtliche Selbstbestimmung in die breite Öffentlichkeit rückt und mit steigender Sichtbarkeit nicht-binärer und trans Personen werden auch TERFs immer lauter.

Apropos Kiwi: Im Frühjahr 2022 veröffentlichte der KiWi Verlag den von Alice Schwarzer und Chantal Louis herausgegebenen Sammelband *Transsexualität: Was ist eine Frau? Was ist ein Mann? – Eine Streitschrift*, in dem verschiedene Gastautor*innen behaupten, Transgeschlechtlichkeit sei «Zeitgeist»,[21] ein «Trend»[22] oder ein «Massenphänomen»,[23] das Ergebnis schlechter Erfahrungen[24] oder diene als Umweg, um nicht mit der eigenen Homosexualität umgehen zu müssen.[25] Schwarzer zufolge würden die «Trans-Zahlen explodieren».[26] Aussagen wie diese sind tendenziös und alarmistisch, schüren Vorurteile und gefährden die Sicherheit und gesellschaftliche Akzeptanz von trans Personen.[27]

TERFs begründen ihre transfeindlichen Haltungen meist mit vermeintlichen Frauenrechten. Dabei liegt ihnen ein beschränktes Frauenbild und eindimensionales Verständnis von Geschlecht zugrunde. Sie halten an der Behauptung fest, es gebe nur zwei Geschlechter, lehnen eine präzise Beschreibung von Geschlechtern mit dem Wort «cis» ab, warnen vor einem angeblichen «Trans-Hype», pathologisieren Transgeschlechtlichkeit, spielen Transrechte gegen Frauenrechte aus und setzen allerlei Desinformationen über trans Personen in die Welt. So warnen sie zum Beispiel, Minderjährige würden zu früh transitionieren und ihre Transitionen später bereuen oder nur transitionieren, weil sie nicht mit gesellschaftlichen Rollenbildern oder internalisierter Misogynie zurechtkämen. Doch vor allem über transfeminine Menschen äußern TERFs sich pathologisierend und abfällig. Sie diffamieren trans Frauen als Gefahr für cis Frauen und behaupten unter anderem, gewalttätige cis Männer würden «das Geschlecht wechseln», um in Schutzräumen wie Umkleidekabinen, Frauenhäusern und Frauengefängnissen cis Frauen zu belästigen.[28] TERFs fantasieren, cis Männer würden all ihre Privilegien abgeben und den psychischen, organisatorischen, körperlichen und auch monetären Aufwand, den eine Transition mit sich bringt, sowie die Diskriminierung, der trans Personen weltweit nach wie vor ausgesetzt sind, billigend in Kauf nehmen – und zusätzlich noch eine Straftat begehen –, um dann in einem Frauengefängnis ungestört cis Frauen belästigen zu können.[29]

Für die Behauptung, trans Frauen würden massenhaft in Schutzräume eindringen, um dort cis Frauen zu belästigen, gibt es keine Belege, und dass cis Männer das Selbstbestimmungsgesetz ausnutzen werden, um sich Zugänge zu Frauenräumen zu verschaffen, ist sehr unwahrscheinlich. Die traurige Wahrheit ist nämlich: Cis Männer müssen sich weder verkleiden noch ihren Geschlechtseintrag ändern, um cis Frauen Gewalt anzutun, sondern sie machen es einfach so. Weltweit und jeden Tag. Dafür müssen sie keine Privilegien abgeben. Ja, dafür müssen sie häufig nicht einmal die eigene Wohnung verlassen. In Deutschland geschieht jeden dritten Tag ein Femizid. 2020 wurden 139 Personen mit weiblichem Geschlechtseintrag in Deutschland von ihrem Partner oder Ex-Partner getötet.[30] Gewalt gegen Frauen ist ein riesiges Problem. Doch diejenigen, die diese Gewalt ausüben, sind nicht trans Frauen, sondern cis Männer. Über achtzig Prozent der Gewaltstraftaten in Deutschland werden von cis Männern begangen,[31] Opfer von Partnerschaftsgewalt sind in vier von fünf Fällen cis Frauen.[32] Laut polizeilicher Kriminalstatistik 2019 hatten nur 34,6 Prozent der Opfer der (polizeilich erfassten) Straftaten gegen die sexuelle Selbstbestimmung *keine* Beziehung zur tatverdächtigen Person, und nur in 9,8 Prozent der Fälle war die Beziehung zwischen Opfer und tatverdächtiger Person *ungeklärt*.[33] Bei queeren Menschen ist das übrigens anders: Laut einer EU-weiten Erhebung der Europäischen Menschenrechtsagentur von 2019 kannten die Opfer von Gewalt gegen queere Personen in 52 Prozent der Fälle die Täter nicht.[34] Laut der Umfrage fanden 42 % der Vorfälle im öffentlichen Raum statt.[35] Nicht nur Gewalt gegen cis Frauen ist ein Problem, sondern auch Gewalt gegen queere Menschen. Und trans Frauen – auf die TERFs sich besonders eingeschossen haben – sind besonders häufig Opfer von queerfeindlicher Diskriminierung und Gewalt: 2020/2021 waren 96 Prozent der weltweit ermordeten trans Personen transfeminin.[36]

Gewalt gegen Frauen – und damit meine ich nicht nur cis Frauen – muss in der Tat besser bekämpft werden. Durch den Aufbau funktionierender Strukturen für von Gewalt betroffene Frauen, eine vernünftig geschulte Polizei und Justiz, ausreichend verfügbare Unterkünfte[37] und mehr Geld zum Beispiel – auch eine Entstigmatisierung von Frauenhausaufenthalten und die Denormalisierung cis männlicher Dominanz und Gewalt könnte helfen. Was bei der Bekämpfung von Femiziden und sexualisierter sowie anderer Formen der Gewalt gegen Frauen sicherlich nicht weiterhilft, ist das Verbreiten von Desinformationen über trans Menschen und das Ausschließen von trans Frauen aus einem gemeinsamen Kampf. Würden TERFs ihre Energie dafür nutzen, die Strukturen für von Gewalt betroffene Frauen zu verbessern, statt Desinformationen über trans Personen in die Welt zu setzen, wäre allen Frauen mehr geholfen als mit transfeindlichen Tweets im Gewand des Feminismus, der eigentlich gar keiner ist.

Konservative Intellektuelle führen wieder und wieder Scheindebatten, in denen sie mit dem Recht auf «Meinungsfreiheit» argumentieren.[38] Es muss aber mal Schluss damit sein, dass menschenverachtende Diskriminierung immer noch unter dem Deckmantel von bürgerlichem Meinungspluralismus durchgeht. Ob trans Personen existieren oder nicht, ist weder eine Meinung noch eine Frage, die es zu debattieren gilt, sondern eine unanfechtbare Tatsache. Sie sind und waren schon immer ein Teil unserer Gesellschaft, und weder Harald Martenstein noch Jan Fleischhauer, Julian Reichelt oder Alice Schwarzer können das verhindern. Viel gefährlicher als die trans Aktivist*innen, von denen TERFs und konservative Publizist*innen ständig reden, ist das Framing konservativer Intellektueller; und der einzige Wendepunkt, an dem wir uns befinden, ist der, dass queere Personen heute gesellschaftlich akzeptierter sind und damit auch langsam sichtbarer werden. Queere Menschen sind auf dem Weg, ganz langsam ähnliche Rechte zu bekommen wie andere Menschen auch; und das ist für einige cis Personen offenbar ein Grund zur Sorge. Ist Cisgeschlechtlichkeit so fragil, dass ein Selbstbestimmungsgesetz bedrohlich wirkt?

VIER

Trend und Minderheit zugleich: Über statistische Leerstellen und Desinformationen

Im September 2022 veröffentlicht die Autorin Eva Engelken ihr Buch *Trans*innen? Nein, danke!: Warum wir Frauen einzigartig sind und bleiben*, in dem sie die Ergebnisse einer Umfrage des US-amerikanischen Meinungsforschungsinstituts Gallup falsch wiedergibt.[1] Engelken behauptet in ihrem Buch, laut einer Gallup-Umfrage würden sich zwanzig Prozent aller Jugendlichen in den USA als trans bezeichnen.[2] Diese Zahlen lassen sich allerdings in keiner Gallup-Umfrage finden. Auffindbar ist lediglich eine Gallup-Umfrage, laut der rund zwanzig Prozent des Teils der Generation Z, die zwischen 1997 und 2003 geboren wurden, sich als LGBT, also lesbisch, schwul, bisexuell oder trans bezeichnen. Nur 2,1 Prozent der Gen Z bezeichnen sich laut dieser Umfrage als trans.[3] Als die *ARD-Kontraste*-Redaktion Engelken damit konfrontiert, antwortet sie vor laufender Kamera: «Das müssen wir noch mal nachchecken.»[4] Engelken, die bereits vor der Veröffentlichung durch transfeindliche Blogeinträge[5] aufgefallen war und sich vehement gegen das Selbstbestimmungsgesetz positioniert,[6] veröffentlicht also ein Buch über Transgeschlechtlichkeit, in dem sie sich ganz locker um 18 Prozent «vertut», ohne die Zahlen vor der Veröffentlichung noch einmal zu überprüfen. Ist klar.

Engelken ist kein Einzelfall, und Desinformationen über trans und nicht-binäre Menschen machen regelmäßig die Runde in sozialen und auch in klassischen Medien – vor allem seit Ankündigung des Selbstbestimmungsgesetzes. Das Problem dabei: Die Studienlage zu geschlechtlicher Vielfalt ist dünn, und groß angelegte, repräsentative Studien zu Menschen, die trans und/oder nicht-binär, genderqueer, genderfluid oder gender-nonconforming sind, gibt es bisher kaum. Gegenrede aber funktioniert nur mithilfe von Fakten, und die meisten Menschen kennen nicht einmal grobe Zahlen zu dem Thema. Trotzdem – oder besser: gerade deswegen – wird im Zusammenhang mit trans und nicht-binären Menschen wahlweise von einem (gefährlichen) Trend oder einer (unbedeutenden) Minderheit gesprochen. Wir sind entweder so wenige, dass wir der Rede (und der Rechte) nicht wert sein sollen, oder gefährlich viele.

Wir brauchen repräsentative und wissenschaftlich fundierte Studien, damit Grundlagen für eine angemessene gesundheitliche Versorgung sowie diskriminierungsärmere Infrastrukturen für nicht-binäre, queere und trans Personen geschaffen werden können – und vor allem auch, um gegen Falschinformationen, Gerüchte und Verschwörungsideologien über queere Menschen anzukämpfen. Solange es keine repräsentativen Studien und sorgfältig aufbereiteten Zahlen zu geschlechtlicher Vielfalt gibt, können transfeindliche Personen weiter unwidersprochen verkürzte und falsche Behauptungen in die Welt pusten – mit fatalen Folgen für die Menschen, über deren Rechte hier verhandelt wird.

Die Deutsche Gesellschaft für Transidentität (dgti) geht – angelehnt an Studien aus den USA – 2021 von rund 0,6 Prozent transidenten Menschen in Deutschland aus,[7] wirklich genaue und vergleichbare repräsentative Erhebungen zur Anzahl von trans und genderdiversen Menschen gibt es in Deutschland bisher aber nicht.[8] Schließlich zählen dazu nicht nur Personen mit diagnostizierter Gender-Dysphorie und Menschen, die geschlechtsangleichende Maßnahmen oder Änderungen des Personenstands in Anspruch nehmen, sondern auch viele, die ihr von der cisgeschlechtlichen Norm abweichendes Geschlecht weder mit Ärzt*innen und Therapeut*innen besprechen noch Veränderungen an ihren binärgeschlechtlich gelesenen Körpern vollziehen oder ihren Namen und/oder Geschlechtseintrag ändern lassen. Um geschlechtliche Vielfalt angemessen zu erheben, müssten Studien und Erhebungen so gestaltet sein, dass es überhaupt die Möglichkeit gibt, das eigene Abweichen von der cisgeschlechtlichen Norm anzugeben, auch wenn es nicht «offiziell» durch den Eintrag «divers», eine diagnostizierte Gender-Dysphorie, geschlechtsangleichende Maßnahmen oder ein durchlaufenes TSG «bestätigt» ist.

Weil es in Deutschland bisher keine wirklich aussagekräftigen Erhebungen gibt[9], beziehe ich mich im Folgenden auf internationale Zahlen vor allem aus den USA, wo die Studienlage zu Menschen, deren Geschlecht von der cisgeschlechtlichen Norm abweicht, ein bisschen besser aussieht. Laut Studien des auf sexuelle Orientierungen und Genderidentitäten spezialisierten Williams Institutes der University of California (UCLA) identifizieren sich rund 0,6 Prozent der US-Amerikaner*innen über 13 als transgender.[10] Das Meinungsforschungsinstitut Gallup kam 2021 auf rund 0,7 Prozent.[11] Doch was ist mit denjenigen, deren Geschlecht zwar nicht mit dem übereinstimmt, das ihnen bei der Geburt zugeordnet wurde, die sich aber nicht als transgender bezeichnen? Einer Studie des US-amerikanischen Meinungsforschungsinstituts Pew Research Center aus dem Jahr 2022 zufolge sind 1,6 Prozent der Erwachsenen in den USA trans oder nicht-binär[12], bei Menschen zwischen 18 und 29 sind es laut der Studie sogar fünf Prozent, die sich nicht mit dem Geschlecht identifizieren, das ihnen bei der Geburt zugeordnet wurde. Davon wiederum gaben zwei Prozent an, trans-, und drei Prozent, nicht-binär zu sein. Laut einer weiteren US-amerikanischen Studie von Forscher*innen der University of California, der Columbia University und der Harvard Medical School, die im August 2022 veröffentlicht wurde, gaben bei Umfragen im Jahr 2017 2,4 Prozent der befragten Jugendlichen an, transgender oder genderdivers zu sein, 2019 waren es 1,6 Prozent.[13]

Auch wenn die Zahlen sich auf unterschiedliche Bevölkerungsgruppen beziehen und leicht auseinandergehen, zeichnet sich doch eines in diesen Studien klar ab: Das Abweichen von der cisgeschlechtlichen Norm ist kein «Massenphänomen», vielmehr liegt der Anteil von trans und nicht-binären Menschen vermutlich irgendwo zwischen 0,3 und 3 Prozent. Dennoch scheint es in Sachen Geschlechtsidentität Unterschiede zwischen den Generationen zu geben: Im *Ipsos LGBT+ Pride 2021 Global Survey,* der im April und Mai 2021 online in 27 Ländern mit 19 000 Personen zwischen 16 und 74 durchgeführt wurde, gaben vier Prozent der nach 1997 geborenen befragten Personen (Gen Z) an, transgender, nicht-binär, gender-nonconforming oder genderfluid zu sein oder auf andere Art und Weise von der cisgeschlechtlichen Norm abzuweichen. Bei den zwischen 1981 und 1996 geborenen Millennials waren es zwei Prozent, in der Gen X (1965–1980 Geborene) ein Prozent und unter Babyboomern (1946–1964) weniger als ein Prozent.[14] Auch das spricht allerdings nicht für einen Trend, sondern ist sehr wahrscheinlich das Ergebnis besserer Aufklärung zu Themen geschlechtlicher Vielfalt.

Auch die Gerüchte rund um überstürzte Operationen bei Minderjährigen lassen sich mit Zahlen widerlegen: Im zweiten großen *LGBTI Survey* der EU-Grundrechteagentur von 2020, in dem unter anderem auch circa 2750 trans Personen aus Deutschland befragt wurden, gaben 46 Prozent der befragten trans Personen an, sich keinen geschlechtsangleichenden Maßnahmen unterzogen zu haben. Von denjenigen, die geschlechtsangleichende Maßnahmen in Anspruch genommen haben, waren 20 Prozent zum Zeitpunkt der geschlechtsangleichenden Maßnahmen zwischen 18 und 24 Jahre alt, 24 Prozent zwischen 25 und 34, 42 Prozent zwischen 35 und 54 Jahren und 5 Prozent über 55. Nur 9 Prozent der Befragten waren jünger als 18.[15] In Deutschland stieg die Anzahl der durchgeführten geschlechtsangleichenden Operationen in den vergangenen fünf Jahren zwar deutlich an, mit 46,3 Prozent fand der Großteil davon jedoch zwischen dem zwanzigsten und dreißigsten Lebensjahr statt.[16] Nur 7,6 Prozent waren zum Zeitpunkt der OP zwischen 15 und 19 Jahre alt. Lediglich ein Bruchteil der trans Personen, die überhaupt geschlechtsangleichende Operationen durchführen lassen, ist zum Zeitpunkt der Operation diesen Zahlen zufolge also minderjährig. Und selbst wenn es mehr wären, wäre das noch lange kein Grund, Angst, Schrecken und Desinformationen über trans Personen zu verbreiten.

Bis 2011 waren geschlechtsangleichende Operationen für die Anpassung des Geschlechtseintrags übrigens noch zwingend notwendig. Die Option, den Geschlechtseintrag zu ändern, ohne sich operieren lassen zu müssen, gibt es erst seit knapp zehn Jahren. Besonders absurd an vielen Diskussionen um das Selbstbestimmungsgesetz und die Änderung des Personenstands: Menschen, die von der binären und cisgeschlechtlichen Norm abweichen und sich operieren lassen (wollen), werden häufig als «gestört» diffamiert, während Menschen, die in ihrer Geschlechtsidentität von der cisgeschlechtlichen Norm abweichen und keine medizinische Transition anstreben, oft nicht ernst genommen werden. Es gibt für trans und nicht-binäre Menschen keine Möglichkeit, «es richtig zu machen».

Einige Gegner*innen des Selbstbestimmungsgesetzes behaupten, Menschen würden, sobald das Selbstbestimmungesetz erst mal existiert, ständig ihren Geschlechtseintrag ändern. Auch das ist extrem unwahrscheinlich: Erfahrungen aus Ländern, in denen eine ähnliche Regelung bereits besteht,[*] zeigen: Menschen, die trans, inter oder nicht-binär sind, nutzen diese Regelung einmalig, und der Anteil derjenigen, die ihren Namen oder ihren Geschlechtseintrag mehr als einmal ändern, ist sehr gering.[17]

Personen, die ihre Transition bereuen oder rückgängig machen (möchten), werden bisher nicht systematisch erfasst. Entgegen der Behauptung, Detransition sei ein Massenphänomen, lassen aber auch hier erste internationale Studien darauf schließen, dass die Zahlen derjenigen, die ihre Transition abbrechen oder rückgängig machen möchten, sehr gering sind und sehr wahrscheinlich irgendwo zwischen einem und drei Prozent[**] liegen.[18]

In den hier genannten Studien wird übrigens auch deutlich, dass trans Personen besonders häufig von Armut, Gewalt und Diskriminierung betroffen sind[19] und besonders oft Suizidgedanken haben.[20] Im *US Transgender Survey*,[***] an dem 2015 knapp 28 000 trans Personen teilnahmen, gab mit 29 Prozent knapp ein Drittel der befragten trans Personen an, in Armut zu leben, 39 Prozent berichteten, ernsthaft psychisch belastet zu sein, und 40 Prozent bestä-

[*] Unter anderem Malta, Dänemark, Argentinien, Belgien, Irland und Norwegen.

[**] Diese Zahlen beziehen sich nur auf die Personen, die überhaupt eine Transition durchführen lassen. Es ist also ein sehr geringer Anteil.

[***] Zurzeit läuft mit dem Transgender Survey 2022 die weltweit größte Befragung von trans Personen. Die Ergebnisse werden Ende 2023 veröffentlicht, und so lange können wir mit der Veröffentlichung dieses Buchs nicht warten, weshalb ich zum Teil auf ältere Daten aus dem letzten Transgender Survey von 2015 zurückgreife.

tigten, im Laufe ihres Lebens einen Suizidversuch unternommen zu haben.[21] Ein Großteil gab außerdem an, in der Schule und/oder im Job diskriminiert worden zu sein[22] – bei den befragten Personen, die von Mehrfachdiskriminierung betroffen sind, fielen unter anderem die Angaben zu erfahrener Polizeigewalt und Diskriminierung auf dem Arbeitsmarkt noch höher aus.[23] Trans Personen sind weltweit Diskriminierung und erhöhten psychischen Belastungen ausgesetzt, und dennoch werden Publizist*innen und andere transfeindliche Instanzen nicht müde, Falschinformationen über trans und nicht-binäre Menschen zu verbreiten.

Ein Beispiel dafür, wie schädlich Studien sein können, die nicht repräsentativ sind, aber als solche verkauft werden, ist die Rapid-Onset-Gender-Dysphoria-(ROGD-) Recherche der US-amerikanischen Ärztin Lisa Littman, die immer wieder von TERFs,[24] Evangelikalen[25] und auch der AfD-Bundestagsfraktion[26] zitiert wird, um gegen die rechtliche und gesundheitliche Grundversorgung von trans Personen zu wettern.

Basically behauptet Littman in dieser Recherche, die Ursache von scheinbar plötzlich in der Pubertät auftretenden Gender-Dysphorien sei der Kontakt zu anderen trans Personen und der Zugang zu Aufklärungsmaterial über Transgeschlechtlichkeit in den sozialen Medien.[27] Als weitere Begründung für eine solche, angeblich plötzlich auftretende Gender-Dysphorie nennt sie psychische Erkrankungen aus der Vergangenheit.[28] Diese von ihr als «ROGD-Kinder» bezeichneten Personen sind laut Vertreter*innen der ROGD-Theorie keine «echten» trans Personen. Das größte Problem an der Theorie: Littman hat für ihre Recherche keine einzige trans Person befragt, sondern ausschließlich Eltern, die sie über Websites gefunden hat, die in der Vergangenheit Anti-trans-Propaganda verbreitet haben[29]: *4thWaveNow. A community of people who question the medicalization of gender-atypical youth*, *Transgendertrend. No child is born in the wrong body* und *youthtranscriticalprofessionals.org*.[30]

Littmans Recherche bildet also ausschließlich die Meinungen einer Gruppe ab, die Transgeschlechtlichkeit sowieso schon skeptisch gegenübersteht. Dennoch wird sie auf zahlreichen Websites als neutrale wissenschaftliche Studie verkauft und füttert Evangelikale, Rechte und andere queerfeindliche Gruppierungen mit transfeindlichen Narrativen von «sozialer Ansteckung», einem Transgender-«Kult» oder -«Trend». Außerdem entsteht durch die ROGD Theorie der Eindruck, es gäbe «unechte» und «echte» trans Personen. Dabei ist Transgeschlechtlichkeit ein Spektrum.

Wer in Deutschland bei Google «ROGD» eingibt, gelangt recht schnell auf die Website *parentsofrogdkids.com*, die sich auf Littmans Recherche bezieht und deren Urheber*innen auf den ersten Blick nicht nachvollziehbar sind. Die amerikanische Website, die eine deutsche Übersetzung, aber kein Impressum hat, bietet «Selbsthilfegruppen» für Eltern an, die meinen, ihr Kind sei ein «ROGD-Kind», das – in den Worten der Verfasser*innen auf der Website – «sich plötzlich, scheinbar aus dem Nichts, als das andere Geschlecht» identifiziere.[31] Genderaffirmative Therapien werden auf dieser Website als «Experimentieren an unseren Kindern»[32] sowie als «eine Form der Konversionstherapie»[33] bezeichnet, und unter der Rubrik «Wer wir sind» finden sich nicht etwa Namen oder Fotos von den Personen, die die Website und die Selbsthilfegruppen ins Leben gerufen haben, sondern ein Geschwurbel darüber, dass es sich hier um eine Gruppe von Eltern handele, deren Kinder «sich plötzlich, scheinbar aus dem Nichts, als das andere Geschlecht identifizieren». «Forscher nennen es Rapid-Onset Gender Dysphoria (ROGD), und es breitet sich wie eine Epidemie aus unter gefährdeten Jugendlichen»,[34] heißt es auf der Website weiter. Dort werden so gut wie alle psychiatrischen Diagnosen als mögliche Gründe für eine Gender-Dysphorie im Teenageralter genannt und der Eindruck erweckt, all diese Diagnosen seien wahrscheinlichere Ursachen für eine Gender-Dysphorie, als dass ein Kind tatsächlich trans oder nicht-binär sein könnte. Zusätzlich werden dort anonyme und emotional aufgeladene Geschichten veröffentlicht, die angeblich von Eltern stammen, deren Kinder «plötzlich» trans geworden seien. Der Tenor dabei: Durch die Transition hätten die Eltern ihre Kinder «verloren».[35] *I just miss her* lautet der Titel eines Texts, der angeblich von einer alleinerziehenden Mutter über ihr einziges Kind geschrieben wurde, die ihr Kind an «den transgender cult» verloren habe.[36] Wer die Geschichten geschrieben hat, lässt sich nicht überprüfen, da weder im Impressum noch unter den einzelnen Texten Urheber*innen angegeben sind. Für mich klingt das nicht nach besorgten Eltern, sondern nach transfeindlicher Propaganda – und das sehen große transfeindliche Akteur*innen offenbar ähnlich. Zumindest verweist unter anderem die internationale Anti-trans-Organisation *Genspect*[37] auf die «Parents of ROGD Kids», und auch die einflussreiche konservative *Heritage Foundation*[38] bezieht sich auf Littman.[39] Die *Heritage Foundation* wiederum hat laut einer Untersuchung des Europaparlaments zwischen 2009 und 2018 knapp eine Million US-Dollar in die Förderung von «Anti-Gender-Aktivismus» investiert, der sich unter anderem gegen die Aufklärung über sexuelle Selbstbestimmung und geschlechtliche Vielfalt richtet.[40]

Mich erinnern die Geschichten auf diesen «Selbsthilfe-Websites» an die Erzählungen fundamentaler Christ*innen und Befürworter*innen von Konversionstherapien, die meinen, Menschen, die von der cisgeschlechtlichen und heterosexuellen Norm abweichen, «heilen», «befreien» oder «retten» zu müssen. Nach zwei Tagen auf diesen Internetseiten fühle ich mich wie gebrainwasht, und ich kann mir kaum vorstellen, wie sich Eltern fühlen müssen, die sich noch nicht mit Transgeschlechtlichkeit auseinandergesetzt haben und die tatsächlich verunsichert in Bezug auf das Coming-out ihres Kindes sind, wenn sie bei ihrer Internetrecherche auf diese Website stoßen, geschweige denn, wenn sie eine dieser «Selbsthilfegruppen» besuchen.

Eltern «verlieren» ihre Kinder nicht, weil sie trans sind, sondern weil sie sie nicht akzeptieren. Die Erfindung des «Transgenderkults» ist eine praktische Ablenkung, eine einfache Ausrede für die eigene Unzulänglichkeit – auf Kosten einer marginalisierten Gruppe, die auch ohne Behauptungen über «soziale Ansteckung» schon besonders häufig Diskriminierung ausgesetzt ist.

Es ist übrigens überhaupt nicht selten, dass Menschen

das eigene Abweichen von der cisgeschlechtlichen Norm viele Jahre mit sich herumtragen, bevor sie jemandem davon erzählen. Und auch dass Menschen sich erst relativ spät als trans oder nicht-binär outen, ist nicht unüblich. Die eigene Geschlechtsidentität und ein eventuelles Abweichen von der cisgeschlechtlichen Norm ist für viele Menschen etwas sehr Intimes, das sie erst einmal mit sich selbst ausmachen, bevor sie sich anderen Personen anvertrauen. Laut einer Studie des Deutschen Jugend Instituts (DJI) aus dem Jahr 2014 waren trans und genderdiverse Jugendliche bei ihrem ersten äußeren Coming-out durchschnittlich 18,3 Jahre alt. Sofern diese Personen angaben, sich nicht «schon immer» über ihr Abweichen von der cisgeschlechtlichen Norm bewusst gewesen zu sein, vergingen laut DJI-Studie bei transfemininen Personen durchschnittlich 6,8 Jahre, bei transmaskulinen Personen 4,1 Jahre und bei «gender diversen» Jugendlichen im Mittel 3,5 Jahre zwischen innerem und äußerem Coming-out.[*] In Einzelfällen verbergen sich hinter diesem Mittelwert sogar über zehn Jahre, die zwischen innerem und äußerem Coming-out vergingen.[41] «Plötzlich» beziehungsweise «rapid» kommt das Coming-out also vor allem für Eltern und andere Bezugspersonen. Vielleicht ja auch, weil sie selbst heteronormative Vorstellungen stark verinnerlicht haben und nicht in der Lage sind zu akzeptieren, dass gerade ihr Kind von diesen Normen abweicht.

[*] Also zwischen dem Zeitpunkt, zu dem sie sich selbst über ihre Geschlechtsidentität bewusst werden, und dem Punkt, an dem sie es ihrem Umfeld mitteilen.

Um Verschwörungserzählungen wie der von dem angeblichen Transgender-Trend, dem gefährlichen Transgender-Kult oder der Translobby entgegenzuwirken, braucht es Fakten. Und diese Fakten muss jemand erheben. Doch auch wenn repräsentative Statistiken zur Geschlechtsidentität und mehrstufige Geschlechtsabfragesysteme noch auf sich warten und sich die oben genannten Zahlen nicht eins zu eins vergleichen lassen, werden doch drei Tatsachen an diesen Studien bereits sehr deutlich: Geschlechtsangleichende Operationen finden zum Großteil bei Erwachsenen statt, Transgeschlechtlichkeit ist kein «Massenphänomen», und trans und nicht-binäre Menschen sind fast immer Diskriminierung und Gewalt ausgesetzt.

FüNF

Argumente, die keine sind: Das Märchen vom Kinderschutz

Eine Freundin erzählte mir letztens von einer Unterhaltung, die sie ein paar Tage zuvor mit einem fünfjährigen Kind geführt hatte. Am letzten Tag ihres gemeinsamen Urlaubs vertraute das Kind ihr etwas an, das das Kind selbst als Geheimnis bezeichnete. Dann erzählte es ihr, dass es an einigen Tagen ein Junge und an anderen ein Mädchen sei. Wieso denken Kinder im Jahr 2022 eigentlich immer noch, dass so etwas ein Geheimnis sein müsste? Und wieso sind viele Erwachsene so besessen davon, Kindern einzutrichtern, dass jeder Mensch in eine von zwei Kategorien passen muss und, viel schlimmer noch, dass diese Kategorien wichtig sind, ausgefüllt werden müssen und dass sie bereits im Vorschulalter – ja sogar schon vor der Geburt – eine Rolle spielen?

Die Desinformationen, Diffamierungen und Behauptungen, die TERFs und andere transfeindliche Akteur*innen anbringen, um gegen geschlechtliche Vielfalt zu wettern, sind für Menschen, die sich mit geschlechtlicher Vielfalt, Transfeindlichkeit und den Diskussionen um das geplante Selbstbestimmungsgesetz noch nicht auseinandergesetzt haben, gar nicht so leicht zu entwirren. Sich mit transfeindlichen Erzählungen auseinanderzusetzen, nachzuvollziehen, worauf sie fußen und ob sie wissenschaftlich belegbar sind, das muss im Sinne einer Gesellschaft sein, die sich der Sicherheit aller Menschen verschrieben hat. Wir alle sollten in der Lage sein, trans- und queerfeindliche Verschwörungserzählungen zu erkennen und Gegenrede zu leisten.

Bei der Diskussion um trans Personen und die angebliche Frühsexualisierung von Kindern werden als Beispiele immer wieder Kinder genannt, die Geschlechterrollen hinterfragen, keine Jungen, keine Mädchen oder weder noch sein möchten – oder sind – und mit ihrem Geschlechtsausdruck spielen. Das sei völlig «normal», deswegen müsse ein Kind «nicht gleich» trans sein, heißt es dann häufig in der Argumentation von TERFs und anderen Kompliz*innen des Patriarchats. Und ja, das ist «normal». Es ist allerdings genauso «normal», wenn einige dieser Kinder gendernonconforming, trans, nicht-binär oder genderqueer sind. Schließlich sind nicht die Kinder unnormal, sondern unsere binär strukturierte Gesellschaft, die uns ihr Entweder-oder-System bereits überstülpt, wenn wir frisch aus dem Uterus gekrochen sind und noch nicht mal bis drei zählen können.

Einige Gegner*innen des Selbstbestimmungsgesetzes tun so, als würden cis Jungs, die phasenweise Mädchen sein wollen, und cis Mädchen, die phasenweise Jungs sein wollen, allesamt zu trans Menschen *gemacht* werden, wenn das Selbstbestimmungsgesetz erst mal da ist.[1] Breaking

News: Es ist nicht dieses Gesetz, das Kinder zu trans Menschen *macht*, sondern unsere binär strukturierte Gesellschaft. Transgeschlechtlichkeit ist keine Entscheidung und erst recht nichts Ansteckendes, zu dem Menschen durch Gesetze, Medien oder die Bereitstellung von Informationen «verführt» oder «gemacht» werden.

Um Kinder zu schützen, müssten wir sie vor genderspezifischen und sexistischen Klischees und engstirnigen Erwachsenen bewahren, nicht vor queeren Menschen und der Aufklärung über alles, was nicht cisgeschlechtlich und heterosexuell ist. Doch das Wort «Kinderschutz» gehört – neben «Frühsexualisierung» und «Indoktrination» – zum Vokabular von Rechten und Konservativen, die Emanzipation, Aufklärung und Selbstbestimmung den Kampf angesagt haben und die Zweigeschlechterordnung mit aller Kraft verteidigen. Ähnlich wie beim Thema Wissenschafts- und Meinungsfreiheit ist der angebliche Kinderschutz dabei aber vor allem eins: ein Vorwand für die eigene menschenfeindliche Haltung. In die Kinderschutz-Kiste wird immer dann gegriffen, wenn es darum geht, den eigenen Rassismus, die eigene Queerfeindlichkeit, die eigenen Ängste vor vermeintlicher Andersartigkeit zu legitimieren.[2]

Mit der Behauptung des Kinderschutzes tun TERFs und andere queerfeindliche Kräfte so, als seien queere Menschen Gefahren, die von Kindern ferngehalten werden müssten, als würde Queerness abfärben oder ansteckend sein. Doch die Gefahr geht nicht von Queers aus, sondern von autoritären Denker*innen, die hemmungslos Desinformationen und Ressentiments verbreiten und ihrer Menschenfeindlichkeit auf Social Media und Blogs, Artikeln und in ganzen Büchern freien Lauf lassen. Dabei schrecken sie nicht davor zurück, Desinformationen über Gesetzesänderungen zu verbreiten und Ängste vor angeblichen Trends und Translobbygruppen zu schüren.

Die ehemalige *Bild*-Redakteurin Judith Sevinç Basad behauptet in einem Video, in dem sie von Julian Reichelt interviewt wird, die Regierung würde Eltern von Kindern, die nicht trans seien, aber Depressionen oder andere psychische Erkrankungen hätten – oder sich vor der Pubertät «einfach unwohl in ihren Körpern» fühlen –, Pubertätsblocker «empfehlen». Mit dem Selbstbestimmungsgesetz, das sie selbst als «totalitär» bezeichnet, würde der Staat in die intimsten Sphären von Familien eingreifen. Außerdem gefährde das Selbstbestimmungsgesetz die Gesundheit «unserer Kinder».[3] Beatrix von Storch behauptet in einem TikTok-Video, die Regierung wolle «unsere Kinder chemisch kastrieren und körperlich und seelisch verstümmeln».[4] Auch die ehemalige Landwirtschaftsministerin Julia Klöckner behauptet auf Twitter, die Bundesregierung würde Jugendlichen Pubertätsblocker «empfehlen».[5] Alle drei beziehen sich damit auf das «Regenbogenportal» der Bundesregierung, auf dem Informationen über Pubertätsblocker in leichter Sprache abgerufen werden können. Doch – und das gilt für die sogenannten Pubertätsblocker ebenso wie für Schwangerschaftsabbrüche – es gibt einen Unterschied zwischen einer Empfehlung und dem Bereitstellen von Informationen. Und Informationen über beides sind wichtig für die Gesundheit von Kindern, Jugendlichen und Erwachsenen.

Pubertätsblocker sind synthetisch hergestellte hormonähnliche Substanzen, die Kindern, deren Pubertät verfrüht einsetzt, verschrieben werden können, um die Pubertät hinauszuzögern. Teilweise werden Pubertätsblocker auch Menschen, die sich mit dem Geschlecht, das ihnen bei der Geburt zugeordnet wurde, nicht identifizieren können, vor der Pubertät oder kurz nach deren Einsetzen verschrieben, um Zeit zu gewinnen oder zu verhindern, dass Kinder, die trans sind, die «falsche» Pubertät durchmachen müssen. Pubertätsblocker können Nebenwirkungen haben, sind aber reversibel. Werden sie abgesetzt, setzt die Pubertät ein. Die Präparate werden erst nach einer Diagnose und ausführlicher Beratung von Ärzt*innen verschrieben – und das geschieht laut Berufsverband der Kinder- und Jugendärzte nur sehr selten.[6] Außerdem hat das Verschreiben von Pubertätsblockern nichts mit dem geplanten Selbstbestimmungsgesetz zu tun, das Menschen, die von der cisgeschlechtlichen Norm abweichen, eine Personenstandsänderung erleichtern soll. Dennoch jazzen rechte Medien und Politiker*innen den Einsatz von Pubertätsblockern zur Modeerscheinung hoch. In einigen Medien und auf Social-Media-Accounts konservativer Politiker*innen und Publizist*innen entsteht der Eindruck, das Verschreiben von Pubertätsblockern wäre ungefähr so beliebt wie das Verschreiben der Pille oder würde leichtfertig und ohne Zustimmung der Erziehungsberechtigten passieren:

«Es kann nicht sein, dass die Bundesregierung diese Medikamente empfiehlt wie Hustenbonbons», kritisiert Julia Klöckner[7] und übertreibt mit diesem Vergleich nicht nur maßlos, sondern ruft auch Erinnerungen wach an ihren Parteikollegen Jens Spahn, der Menschen, die nicht schwanger werden wollten, 2014 daran erinnerte, «Die Pille danach» nicht mit Smarties zu verwechseln.[8]

Derartige Behauptungen sind das Gegenteil von Kinderschutz. Kinderschutz hieße, Kinder neugierig sein zu lassen, ihre Fragen zu beantworten, ihnen die Informationen zur Verfügung zu stellen, die sie brauchen, und sie werden zu lassen, wer sie sind, ohne sich dabei – ob offen oder insgeheim – zu wünschen, dass sie bloß cis und hetero werden, und alles, was queer sein könnte, von ihnen fernzuhalten.

Ich war so ein Kind, das kein Mädchen sein wollte. Mehr noch: das kein Mädchen war. Und für mich hat es sich ziemlich lange völlig normal angefühlt, weder Junge noch Mädchen, sondern einfach Kind zu sein. Ist ja eigentlich auch legitim, Kinder erst mal Kinder sein zu lassen, bevor wir sie in enge Geschlechterkategorien quetschen. Meine Mutter hat für damalige Verhältnisse gendersensibel gehandelt, mich neutrale Klamotten tragen lassen, mir Kinderbücher vorgelesen und Geschichten erzählt, in deren Mittelpunkt oft Personen, Tiere oder Wesen standen, die ich aus heutiger Perspektive als queer bezeichnen würde: das Sams, Wickie, die Fizzli-Puzzlis. Mein Umfeld bestand größtenteils aus Kindern, denen bei der Geburt das männliche Geschlecht zugeordnet wurde, aber wir alle waren in erster Linie eins: Kinder. Irgendwann jedoch – weit vor der Pubertät – ging es los mit den bohrenden Fragen von Erwachsenen, älteren Kindern und Gleichaltrigen, die mich und meine Identität, die ich vorher nie infrage gestellt hatte, ins Schlittern brachten.

«Bist du ein Junge oder ein Mädchen?»
«Was bist du denn?»
«Du bist ein Mädchen? Wieso siehst du dann aus wie ein Junge?»
«Wie kann ein Junge denn Lydia heißen?»
«Willst du lieber ein Junge sein?»
«WIE? Lydia oder Rüdiger???? HAHAHAHA»

Ich habe diese Fragen damals nicht verstanden, weil ich erstens noch sehr jung war und zweitens ja völlig okay mit mir war, wie ich war. Ich wusste zwar, dass es viele Kinder gab, die Jungs oder Mädchen waren, für mich selbst hatten die Kategorien «Junge» oder «Mädchen» bis dahin aber schlicht keine Rolle gespielt. Sie existierten, doch sie waren unwichtig und hatten nichts mit mir, meiner Persönlichkeit oder dem zu tun, was ich mochte oder gerne tat – bis auf einmal das Außen dazwischenkam, mich in die Ecke drängte und mir eine Antwort abverlangte, die ich nicht geben konnte. Ich konnte diese Frage nicht beantworten, musste mich aber offenbar unbedingt verorten, weil andere mit mir, so wie ich war, sonst offensichtlich nichts anfangen konnten. Von diesem Zeitpunkt an habe ich mein Geschlecht als Problem wahrgenommen. Wo ich vorher einfach ich gewesen war, wurde es plötzlich irgendwie kompliziert, und ich hatte ständig das Gefühl, mich erklären oder etwas performen zu müssen, das nicht zu mir passte. Ich musste entweder oder sein, wusste aber gar nicht, wie das geht.

In der ersten Klasse hielten die Jungs mir in der kleinen Pause die Tür zum Jungenklo auf, und die Mädchen kreischten am ersten Tag, an dem ich die Mädchenumkleide betrat. Ständig wurde ich gefragt, ob ich auf der richtigen Toilette bin. Das Toilettenbeispiel wird häufig angeführt, um sich über lauter werdende Forderungen nach geschlechtsneutraleren Infrastrukturen in öffentlichen Gebäuden lustig zu machen, doch für Menschen, die gender-nonconforming, trans, nicht-binär oder queer sind, ist die binäre Einteilung in zwei Toiletten oder Umkleidekabinen tatsächlich anstrengend, entwürdigend und extrem nervig.

Weil ich offenbar nicht einfach Kind sein durfte, sondern irgendwie Mädchen oder Junge sein musste, war für mich erst mal am naheliegendsten, dass ich ein Junge sein muss, weil ich ja offensichtlich kein Mädchen war. Doch das ging irgendwie auch nicht, denn auch wenn ich möglichst «jungenhaft» performte, hieß ich ja immer noch Lydia, wurde ständig «den Mädchen» zugeteilt, musste die Mädchen-Umkleide und die Mädchen-Toilette benutzen. Obwohl ich eigentlich nichts von beidem war und manchmal heimlich zu Hause ein Junge sein konnte, war ich offiziell immer ein Mädchen – meistens umgeben von Jungs. Mir war dabei völlig egal, ob das Jungs waren oder nicht. Wir waren aus anderen, zufälligen Gründen befreundet: Weil wir nebeneinander wohnten oder verwandt waren, uns im Kindergarten kennenlernten oder unsere Eltern befreundet waren, teilten wir unsere Käsebrote, Kuscheltiere und Hobbys miteinander.

Im Kindergartenalter spielten wir Fußball in einem gemischten Team, doch als wir in die Grundschule kamen, wurde die Sportgruppe nach Geschlechtern getrennt. Ab dem nächsten Jahr sollte ich in der Mädchenmannschaft spielen, in der ich niemanden kannte, während meine Freunde weiterhin gemeinsam spielen durften. Argumente dafür gab es keine, außer eben, dass ich doch ein Mädchen und es nun an der Zeit sei, mit *den anderen Mädchen* Sport zu machen. Ein schwaches Argument. Eine Regel ohne Grundlage. Ein unumstößliches «Darum». Zu diesem Zeitpunkt begrub ich mein Hobby, wechselte die Sportart und begann mit Leichtathletik, einem Sport, bei dem in Wettkämpfen zwar ebenfalls schon sehr früh zwischen *Jungs* und *Mädchen* unterschieden wird, in dem aber das Training zumindest meist auf der Hobby-Ebene lange in gemischten Gruppen stattfindet. Als wir in die Pubertät kamen, machte sich auch in dieser Sportart das binäre System so breit, dass ich mich unwohl fühlte: Während wir lange Zeit alle die gleichen Trikots getragen hatten, sollte plötzlich ein Unterschied gemacht werden. Jungs durften weiter das Gleiche anziehen, den Mädchen aber wurde angeraten, von nun an knappe Bikini-artige Trikots zu tragen. Ich erinnere mich noch gut an die Erzählung, dass wir damit schneller rennen und weiter springen könnten und es einfach nicht so viel störender Stoff sei. Für die Provinztrainerin hat es sich damals vielleicht wirklich so angefühlt, als seien wir kurz vor dem Eintritt in den Profisport, doch in der Realität waren wir ein paar Loser auf einer veralteten Aschebahn, die es niemals über die Kreismeisterschaften hinausschaffen würden. Im Gegensatz zu Triathlet*innen, Schwimm- oder Rennradprofis, die sich unabhängig von ihrem Geschlecht regelmäßig den gesamten Körper glatt rasieren, um leichter in Neoprenanzüge zu kommen, bei

Unfällen schneller versorgt werden zu können oder weniger Widerstand im Wasser zu haben, machten ein paar Gramm Stoff mehr oder weniger in unserem Fall keinen Unterschied. Das war Hobbysport und kein Grund, junge Menschen mitten in der Pubertät dazu zu drängen, im Bikini zu laufen, sobald ihnen Brüste wachsen. Ich wollte keine Brüste und erst recht kein Bikini-Trikot. Und ich bin mir ziemlich sicher, dass auch Menschen, die nicht queer, trans oder nicht-binär sind, bei einer solch binären und sexistischen Kleiderordnung, die auch die überzogenen Körpernormen im Sport repräsentiert, ein starkes Unwohlsein empfinden.

Vielen Kindern geht es so wie mir damals. Bei einigen ist es eine Phase, bei anderen nicht. Einige passen sich zwischendurch der Zweigeschlechterordnung an und kommen irgendwann in ihrem Leben wieder da an, wo sie als Kind schon einmal waren: irgendwo dazwischen. Manche sind trans, manche nicht-binär, gender-nonconforming oder queer, viele sind okay mit dem Geschlecht, das ihnen bei der Geburt zugeordnet wurde. Manche kommen mit dem binären System klar, manche nicht. Und all das wäre überhaupt kein Problem, wenn diese Kinder in einer Gesellschaft aufwachsen würden, die Platz für sie hat – oder die Platz für sie schafft, wenn sie für sie bisher noch keinen hatte.

Eine weitere beliebte TERF-Argumentation lautet, dass es wichtiger sei, gesellschaftliche Ansprüche an cis Mädchen und Frauen runterzuschrauben, Genderrollen aufzubrechen, Schönheitsideale zu überwinden und ein sicheres Aufwachsen für cis Mädchen zu ermöglichen, statt über geschlechtliche Vielfalt aufzuklären. Natürlich sind Menschen, denen bei der Geburt das weibliche Geschlecht zugeordnet wird, von übergriffigem Verhalten und patriarchalen sexistischen Strukturen stärker betroffen als Kinder, denen bei der Geburt das männliche Geschlecht zugeordnet wird. Wir leben in einer sexistischen Gesellschaft, und cis Mädchen und cis Frauen wird auch im Jahr 2022 noch weniger zugetraut als cis Jungs. Auch werden sie häufiger belästigt und sexuell missbraucht.[9] Doch der Schutz von cis Mädchen und cis Frauen, ein Abbau von geschlechtsspezifischen Rollenzuschreibungen, die Aufklärung darüber und eine steigende Akzeptanz von queeren, nicht-binären, trans und gender-nonconforming Kindern – und Erwachsenen – schließen sich nicht aus, sondern gehören zusammen. Schließlich leiden alle Kinder unter überzogenen Rollenvorstellungen, Schönheitsidealen und der strengen Einteilung in zwei Geschlechter, die einander binär gegenüberstehen.

Aufklärung über sexuelle und geschlechtliche Vielfalt gehört in die Kitas, die Schulen und die Sportvereine, in die Mediziner*innen-, Pflegepersonal-, Geburtshelfer*innen- und Erzieher*innenausbildung, in die Elternabende und ins Lehrer*innenzimmer, und das Kennen der richtigen Vokabeln sollte zum Allgemeinwissen gehören, damit nicht-binäre, queere und trans Kinder und Jugendliche – und natürlich auch Erwachsene – gesehen, verstanden und endlich akzeptiert werden. Kinder werden nicht durch die Aufklärung über geschlechtliche Vielfalt «(früh)sexualisiert», sondern durch Gender-Marketing, Gender-Normen und eine starre Einteilung in binäre Geschlechterkategorien. Manche Menschen sind so besessen von Zweigeschlechtlichkeit, dass sie meinen, *Gender-Reveal-Partys* veranstalten zu müssen, auf denen sie inmitten blauer oder rosa Wegwerf-Deko ihren Freund*innen und Familienmitgliedern feierlich das Geschlecht mitteilen, das ihrem noch ungeborenen Kind bei der Geburt zugeordnet werden wird. Nicht gendersensible Sprache und Erziehung, das Aufbrechen binärer Geschlechterkategorien und eine frühzeitige Aufklärung über sexuelle und geschlechtliche Vielfalt sexualisieren Kinder, sondern *das* ist eine Sexualisierung von Kindern. Menschen sexualisieren ihre Kinder bereits, bevor sie überhaupt geboren sind.

Gender-Reveal-Partys wirken wie ein Relikt aus längst vergangenen Zeiten, sind aber ein neues Phänomen, das in den 2010er-Jahren über YouTube bekannt und später über andere soziale Medien zum Trend wurde. Die Obsession mit Geschlechtern von Kindern nimmt nicht ab, sondern zu. Die Bloggerin Jenna Karvunidis (sie/ihr) brachte den Trend 2008 ins Rollen, indem sie online einen mit rosa Frosting gefüllten Kuchen anschnitt, um das Geschlecht ihres ungeborenen Kindes zu verkünden. In der Folge wurden Gender-Reveal-Partys zum Trend und setzten sich nicht nur in den USA durch. Karvunidis selbst distanziert sich heute öffentlich von ihrer eigenen Erfindung und sieht Normen und Zwänge rund ums Geschlecht kritisch:

> There's such an obsession with gender that it becomes limiting in many ways and exploitative in others. You don't want what's between your legs to guide your path in life. I want my kids to grow up in a world where gender doesn't matter. [10]

Frei übersetzt: «Diese Geschlechter-Besessenheit ist genauso einschränkend wie ausbeuterisch. Niemand möchte doch, dass die Genitalien über den eigenen Lebensweg bestimmen. Ich will, dass meine Kinder in einer Welt aufwachsen, in der Geschlecht keine Rolle spielt.»

Das erzählte sie dem *Guardian* 2020 – zwölf Jahre nachdem sie die Gender-Reveal-Party für ihr erstes Kind veranstaltet hatte. Genau dieses Kind, für das sie die weltweit erste offizielle Gender-Reveal-Party ever schmiss, scheint von Geschlechterrollen und Gendernormen nicht viel zu halten und trägt heute am liebsten Anzüge und kurze Haare. Doch bei einer Distanzierung soll es nicht bleiben: Nachdem im September 2020 eine Gender-Reveal-Party einen Waldbrand auslöste – das El Dorado Fire wird umgangssprachlich auch *Gender Reveal Fire* genannt –, warnt Jenna Karvunidis in einem Facebook-Post buchstäblich vor Gender-Reveal-Partys:

> Stop it. Stop having these stupid parties. For the love of God, stop burning things down to tell everyone about your kid's penis. No one cares but you.[11]

Frei übersetzt: «Hört auf! Hört auf mit diesen bescheuerten Partys! Hört – um Gottes willen – auf damit, Sachen abzubrennen, um allen vom Penis eurer Kinder zu erzählen. Es interessiert niemanden außer euch!»

Karvunidis selbst sagt heute übrigens, dass sie im Lauf ihres Lebens weder ihr Geschlecht noch ihre sexuelle Orientierung auf irgendeine Art und Weise infrage stellen musste und daher damals davon ausgegangen war, dass es schon okay sei, das vermeintliche Geschlecht eines Kindes auf diese Art und Weise zu verkünden. Heute sehe sie das aber anders.[12] Jenna Karvunidis ist ein tolles Beispiel dafür, wie unsere Gesellschaft aussehen könnte, wenn Menschen in der Lage wären, mit eigenen Fehlern oder unangenehmen Aktionen, Aussagen oder Meinungen aus der Vergangenheit umzugehen, statt gleich «CANCEL CULTURE!» zu schreien, wann immer jemand sie darauf hinweist, dass das, was sie da tun, für einige Menschen ausschließend, diskriminierend, verletzend oder in anderer Weise schädlich ist. Es ist ein gutes Beispiel dafür, dass Menschen sehr wohl in der Lage sind, dazuzulernen, umzusteuern, die eigene Meinung zu ändern und sich von Dingen, die sie in der Vergangenheit anders gesehen haben, distanzieren zu können – sogar oder gerade *wenn* sie in der Öffentlichkeit stehen.

Neben Gender-Reveal-Partys ist übrigens auch Gender-Marketing und das Verbreiten von Geschlechterklischees in Filmen und Büchern kein Relikt aus den 1950ern, sondern erschreckend aktuell: Eine Datenrecherche der *Süddeutschen Zeitung* von 2019 zeigt, dass Kinderbücher auch heute noch zu großen Teilen auf Geschlechterklischees basieren.[13] Für die Recherche analysierte ein Team der *SZ* etwa 50000 Kinder- und Jugendbuchtitel nach ihrer Verschlagwortung und fand heraus, dass männliche Kinderbuchhelden vieles sein können, die Erzählungen für Mädchen aber eher eindimensional ausfallen: Laut der Datenanalyse erleben männliche Helden in Kinderbüchern im Schnitt mehr als doppelt so viele Abenteuer wie weibliche Protagonist*innen. Während Jungs sich auf Abenteuerjagd begeben, finden Mädchengeschichten meist im Kindergarten, in der Schule oder zu Hause statt: Jungs erleben aufregende Geschichten und Mädchen eher Alltag – es sei denn, sie machen Urlaub auf dem Ponyhof. Die Analyse der *SZ* ergab übrigens auch, dass die Cover von Mädchenbüchern nach wie vor meist pink, lila und rot sind, während Bücher für Jungs eher dunkel ausfallen. Langweilig!

Neben Kinderbüchern und Kinderkleidung[14] sind auch Spielzeug und die dazugehörige Werbung nach wie vor mit Stereotypen überladen, und auch Kinderfilme und -serien stecken voller Geschlechterklischees sowie unerreichbarer Körperbilder. Laut Studien des Internationalen Zentralinstituts für das Jugend- und Bildungsfernsehen (IZI) verkörpert ein Großteil der global vermarkteten weiblichen Zeichentrickfiguren unerreichbare Schönheitsideale.[15] Nicht nur der Körper der berühmten und viel kritisierten *Barbie* ist mit einem menschlichen Körper ohne Rippenentfernung nicht realisierbar, sondern auch ein großer Teil der weltweit vermarkteten Trickfilmfiguren vermittelt Körperbilder, die Menschen niemals erreichen können. Das IZI untersuchte knapp einhundert global vermarktete cis weibliche Figuren anhand ihrer Körpermaße und kam dabei zu dem Schluss, dass ein großer Teil dieser Körper so unrealistisch ist, dass sie selbst mithilfe von Schönheitsoperationen mit einem menschlichen Körper nicht umsetzbar wären.[16] Außerdem würden weibliche Kinderfiguren mit Wespentaillen und überlangen Beinen sexualisiert, während es bei männlichen durchaus diversere Körperbilder gebe.

Solche Bilder hinterlassen Spuren bei uns und kommen

auch bei Kindern gar nicht gut an: Andere Medien-Experimente des IZI ergaben, dass Kinder selbst sexualisierte Figuren mit unrealistischen Körpern gar nicht besonders mögen: In einem Experiment wurde dieselbe animierte Figur jeweils mit unterschiedlichen Kleidern und unterschiedlichen Körpern dargestellt – also jeweils unterschiedlichen Verhältnissen zwischen Taille und Hüfte –, und Kinder sollten bewerten, welche der Figuren ihnen am besten gefällt. Dabei schnitt die Figur mit der schmalsten Taille und dem kürzesten Kleid bei den befragten Kindern am schlechtesten ab.[17] Auch dass Mädchenfiguren im Fernsehen vor allem Pink tragen und oft klischeehaft «langweilig und dünn», «zickig» oder «schickimicki» seien,[18] bemängelten viele Kinder in dem Experiment.[19] Es sind also – Überraschung – nicht Kinder, die sich klischeehafte und sexualisierte Figuren wünschen. Trotzdem scheint sich Gender-Marketing für Unternehmen auch heute noch auszuzahlen und begegnet uns in nahezu allen Bereichen, in denen wir zum Konsumieren animiert werden sollen. Doch es sind ausschließlich Unternehmen, die davon profitieren.

Bereits als Kleinkinder werden wir ständig mit der Zweigeschlechterordnung konfrontiert. Sie begleitet uns das ganze Leben lang, und es ist schwer, sich ihr zu widersetzen. In einem Alter, in dem wir weder sprechen, geschweige denn reflektieren, über komplexe Zusammenhänge nachdenken oder diskutieren können, sind wir ihr bereits ausgesetzt und voll und ganz davon abhängig, wie unsere Eltern und andere erwachsene Bezugspersonen damit umgehen. Für Eltern, die probieren, Gender-Marketing und Rollenklischees zu umgehen, ist die Suche nach neutralem Spielzeug, klischeefreien Büchern und queeren Geschichten auch heute noch schwierig. Zwar wird der Markt für diverse Kinderbücher immer größer, doch gleichzeitig basiert auch im Jahr 2022 noch ein Großteil der Geschichten, Charaktere und Spielzeuge für Kinder auf veralteten Rollenbildern, Geschlechterstereotypen sowie starren und eindimensionalen Vorstellungen von Geschlecht. Während Spielzeugküchen meist als «Mädchenspielzeug» gelabelt werden, sind Trecker, Bagger, Autos und Werkzeugspielzeug vor allem für Jungs. Das ist nicht nur sexistisch, sondern stellt auch die Eltern queerer Kinder und diejenigen, die ihre Kinder nicht von Beginn an in die eine oder andere Schublade stecken möchten, vor große Hürden – spätestens wenn die eigenen Kinder in der Kita, über Freund*innen oder andere Erwachsene mit den sexistischen und einengenden Geschlechterklischees konfrontiert werden und plötzlich nicht mehr mit der Küche spielen oder das rosa Glitzershirt nicht mehr anziehen möchten. Zwar gibt es cis Jungs, die Rosa tragen und Prinzessinnen sein möchten, cis Mädchen, die am liebsten den ganzen Tag an der Werkbank stehen, und Kinder, die gender-nonconforming, queer, trans oder nicht-binär sind, und einige Pädagog*innen und Eltern unterstützen das auch oder zeigen sich solidarisch, indem sie ebenfalls mit Geschlechterklischees brechen oder mit ihrem Geschlechtsausdruck spielen, aber häufig scheitert es dann doch an der Realität da draußen: Ein cis Junge, der zu Hause gern Prinzessin spielt, tut das spätestens dann nicht mehr, wenn er in der Kita dafür geärgert wird. Ein Kind, das gender-nonconforming ist, passt sich vielleicht irgendwann lieber an, um nicht weiter ausgefragt zu werden, und ein cis Mädchen, das beim Fußball plötzlich ausgeschlossen wird, macht dann vielleicht doch lieber etwas anderes. All denjenigen, die sowieso schon mit binären Kategorien und ihrer Geschlechtsidentität struggeln, erleichtert das die Kindheit ebenfalls nicht.

In Spanien wurde sexistische Spielzeugwerbung 2021 verboten. Warum ist der Protest gegen Geschlechterstereotype und Klischees in der Werbung, in Kindergeschichten, der Spielzeugindustrie und Kindermedien nicht auch in Deutschland viel lauter? Warum erzählen wir unseren Kindern keine anderen Geschichten als die von verträumten Prinzessinnen und starken Männern? Warum ist sexistische Werbung nicht in ganz Europa längst verboten? Warum werden Bücher für Jungen oder Mädchen statt für Kinder geschrieben? Warum sind Menschen so obsessed mit Zweigeschlechtlichkeit?

Schon klar: Vielen Menschen geben Kategorien wie «männlich» oder «weiblich» Sicherheit. Diese zugegebenermaßen ab und zu etwas komplizierte Performance namens Leben kann ein bisschen einfacher erscheinen, wenn es klare Fixpunkte gibt, an denen wir uns orientieren können. Schwierig wird es aber, wenn das Geschlecht, mit dem eine Person sich identifiziert, offiziell gar nicht existiert, nicht ernst genommen wird und es nicht mal ein richtiges Wort dafür gibt, geschweige denn Vorbilder oder andere Formen medialer Repräsentation. Wir brauchen mehr Identifikationsmöglichkeiten für Kinder, für die Geschlecht nicht (ausschließlich) eins von zwei ist – ganz egal, in welche Richtung sich die Identität der Person im Laufe ihres Lebens entwickelt. Und wir brauchen Möglichkeiten für Eltern, ihre Kinder geschlechtsoffen zu erziehen, ohne dafür Umwege gehen und/oder sich ständig rechtfertigen zu müssen. Und dafür benötigen wir alle mehr Wissen. Die Aufklärung über geschlechtliche Vielfalt, das Reden und Reflektieren über Geschlecht sowie damit verbundene Normen, Klischees und Machtverhältnisse ist keine Beschäftigungstherapie für Intellektuelle, sondern sollte zur Allgemeinbildung gehören. Schließlich prägt und limitiert binäres Denken sowohl unsere Wahrnehmung anderer Menschen als auch unsere Vorstellungen davon, wie wir selbst leben können. Doch wie soll sich das ändern, wenn diejenigen, die behaupten, die Beschäftigung mit diesen Themen sei lebensfremd, akademisch oder elitär, gleichzeitig verhindern, dass diese Themen weiter in die breite Öffentlichkeit vordringen können?

Vermutlich werden diese Themen von einigen Menschen als so bedrohlich wahrgenommen, weil sie in Wirklichkeit alles andere als akademisch sind, sondern sehr lebensnah und unmittelbar. Sie haben ganz direkt mit uns zu tun, unserem Leben und unseren Wünschen und Vorstellungen davon, wie so ein Leben aussehen kann (und darf!). Queere Lebensentwürfe haben das Potenzial, Machtverhältnisse ins Wanken zu bringen: unsere Vorstellungen von Familie, Beziehungen, Romantik, Geschlecht und Sexualität sowie dazugehörige Normen und Zwänge. Alte Regeln, Traditionen und Strukturen, die Sicherheit geben und Machtverhältnisse sichern, werden plötzlich hinterfragbar. Das wirkt bedrohlich – vor allem auf Rechte und Konservative, deren Macht an ebendiese alten Normen, Regeln und Zwänge geknüpft ist. So war Stimmungsmache gegen queere Menschen auch ein wichtiger Bestandteil des Wahlkampfs der rechtsextremen Partei Fratelli d'Italia, deren Vorsitzende Georgia Meloni seit Oktober 2022 italienische Ministerpräsidentin ist. Die machte in der Vergangenheit massiv Stimmung gegen queere Menschen, sprach von «LGBT Lobbys»[20] und lehnt das Adoptionsrecht für gleichgeschlechtliche Paare ab.[21] «Ich sage Ja zur natürlichen Familie, Nein zur LGBT-Lobby, Ja zur sexuellen Identität, Nein zur Gender-Ideologie [...].»[22] Immer wieder ging es um Beziehungen, Familie – und den bei Rechten so beliebten sogenannten «Kinderschutz»: Plötzlich war im Wahlkampf die britische Kindersendung *Peppa Wutz* Thema, weil dort eine Figur mit zwei Müttern auftaucht. Federico Mollicone, Kulturchef der Fratelli d'Italia, war der Meinung, der *Radiotelevisione Italiana* (Rai) – also der öffentlich-rechtliche Rundfunk Italiens – solle diese «Gender-Indoktrinierung» nicht ausstrahlen.[23] Ähnliches passierte im Frühjahr 2022 in Deutschland mit der *Sendung mit der Maus*. Aber darauf gehe ich später noch genauer ein.

Fest steht: «Kinderschutz», «Gender-Indoktrinierung», «Transgender-Lobby», «Frühsexualisierung», «Gender-Ideologie» und «LGBTIQ+-Propaganda» gehören zum Propagandaprogramm der globalen Rechten und haben mit echtem Kinderschutz nicht viel zu tun.

SEChS

«It's Raining Them! Hallelujah!» Popkultur und Repräsentation

Meine popkulturelle Sozialisation fand in den späten Neunzigern und frühen Nullerjahren statt. Es war die Zeit von Castingshows und Daily Soaps, Loveparade und Popsternchen, der Boy- und Girlbands, der Jamba-Spar-Abos und der anstrengenden Klingeltöne. Es war die Zeit von Bravo-Love-Storys, Crazy Frog, Moorhuhn und Musikfernsehen, Teletext und SMS, Hüfthosen und Neckholder-Tops, in der dicke Schichten Lipgloss, blauer Lidschatten und Vanille-Deo zum guten Ton gehörten. Es war auch die Zeit, in der Mädchen Krawatten trugen, um auszusehen wie Avril Lavigne, die auf den ersten Blick zwar mit Geschlechterrollen brach, inhaltlich aber Klischees bediente:

> *«He was a boy, she was a girl. Can I make it anymore obvious?*
> *He was a punk, she did ballet, what more can I say?»* [1]

Die Unterhaltungsindustrie wurde von Reality-TV, Talk- und Talentshows bestimmt, und ein Großteil der Sendungen im deutschen Fernsehen bestand daraus, dass Menschen andere Menschen für irgendwas bewerteten. Dabei wurden sie nicht selten bloßgestellt und ausgelacht, weil sie irgendwelchen Anforderungen nicht entsprachen, nicht gut genug singen oder tanzen konnten, aus dem Raster fielen oder irgendwie «anders» waren. Keine gute Zeit, um in der Pubertät zu sein.

Während Dieter Bohlen sich über die Kandidat*innen bei *Deutschland sucht den Superstar* lustig machte und bis dato unbekannte Personen sich im *Big-Brother*-Haus in Intrigen verstrickten, begann Heidi Klum 2006 damit, regelmäßig junge cis Frauen über Catwalks zu scheuchen, um vor einer großen Öffentlichkeit ihre Körper zu bewerten und nicht nur ihnen, sondern auch vielen anderen jungen Menschen zu Hause vor den Fernsehern das Gefühl zu vermitteln, zu dick, zu hässlich und ungenügend zu sein. Gleichzeitig wurden in Talkshows fremdgehende Boyfriends mithilfe von Lügendetektoren entlarvt, kaputte Ehen vor Publikum geschieden, Konflikte geschlichtet, Freund*innenschaften gerettet, zerbrochene Familien zusammengeführt, sehr große Brüste und sehr tätowierte oder anderweitig modifizierte Körper bewundert, Schönheitsoperationen diskutiert und Geheimnisse gebeichtet. Ziemlich *toxic*, würden Britney Spears damals und viele selbst ernannte Selfcare-Expert*innen auf Social Media heute wohl dazu sagen.

In dieser Zeit rückten cis weibliche Musikerinnen zwar weiter in die Öffentlichkeit, blieben aber meist auf die Rolle des Popsternchens limitiert. Entweder zart wie Dido, süß wie Blümchen oder als rotzige, aber normschöne Powergirlgruppe wie die *No Angels*, *Tic Tac Toe* oder die *Spice Girls*. Heterosexuelle cis Männer, die sich nicht zu hundert Prozent schlicht, pragmatisch oder maskulin kleideten oder es wagten, sich mit Mode oder Körperpflege zu beschäftigen, wurden damals als «metrosexuell» bezeichnet. 2004 wurde das Wort in den Duden aufgenommen und ist laut Definition eine Zusammensetzung aus metropolitan und heterosexuell. Dass auch heterosexuelle cis Männer sich einfach so für Skincare oder Mode interessieren oder sich sogar schminken könnten, ohne *metrosexuell* zu sein, war damals noch nicht vorstellbar.

In dieser Zeit, in der heterosexuelle cis Männer um Michael Bully Herbig sich in *(T)Raumschiff Surprise* über schwule Männer lustig machten und damit auch noch extrem erfolgreich waren, war Geschlechtsausdruck nicht gerade eine Kategorie, mit der Menschen in der Öffentlichkeit spielerisch umgingen. Mit Geschlechterklischees wurde damals in den Medien nur selten gebrochen. Cis Frauen waren wahlweise süße Mädchen, freche Girlies oder empathische Moderatorinnen – und ab und zu auch schlaue, aber harmlose (und wahnsinnig privilegierte) *Gilmore Girls* –, während cis Jungs und Männer skateten, Fußball spielten, rappten oder Rockmusik machten. All das war sehr heteronormativ und selten überraschend. Transgeschlechtlichkeit fand in den Medien nicht statt, und es gab kaum queere Identifikationsfiguren zu dieser Zeit. Während popkulturelle Phänomene wie David Bowie, Grace Jones, Prince oder auch Patti Smith und Robert Mapplethorpe Geschlecht und Sexualität in ihrer Kunst bereits viel früher thematisiert und auf ganz unterschiedliche

Arten ausgedehnt hatten, war in den 1990er- und 2000er-Jahren in Deutschland in Sachen queerer Repräsentation ziemliche Flaute angesagt. Um die Jahrtausendwende stand *Warum Männer nicht zuhören und Frauen schlecht einparken* auf der *Spiegel*-Bestseller-Liste, und in den Charts waren Lieder wie *Girl 4 A Day* von der Band ohne Namen, in dem zwei cis Männer davon träumen, für einen Tag ein Mädchen zu sein, um sämtliche Mädchen-Klischees zu reproduzieren und sich abends dann wieder auf den nächsten Tag als cis Mann freuen zu können. Auch Konsens war damals selbstredend noch kein Thema:

Ich hab den Traum, dass ich ein Mädchen bin ein Tag
Dann weiß ich ganz genau, was ein Mädchen mag
Wie muss man sie berühren und muss man zärtlich sein?
Wenn sie nein sagt meint sie ja und wenn sie ja sagt nein.[2]

Die berühmtesten queeren Figuren im deutschen Showgeschäft zu dieser Zeit waren Dirk Bach und Hella von Sinnen. An eine junge queere Person, die als Identifikationsfigur für queere Teenager fungieren könnte, war in den deutschsprachigen Medien der Nullerjahre kaum zu denken – erst recht nicht an eine, die das binäre System öffentlich infrage stellt. Doch da war eine Ausnahme: 2002 startete in Deutschland die erste Staffel *Deutschland sucht den Superstar*. Unter den Kandidat*innen befand sich eine Person, die durch *DSDS* berühmt wurde und 16 Jahre später unter einem neuen Namen von Bord eines Kreuzfahrtschiffs verschwand. Lana Kaiser lautete der später selbst gewählte Name der Person, die in der ersten Staffel *DSDS* den dritten Platz belegte und wohl die einzige Person aus dieser Staffel ist, die den meisten Menschen bis heute – unter ihrem alten Namen – im Gedächtnis geblieben ist. Auch wenn Lana Kaiser unter ihrem Geburtsnamen bekannt wurde und ihr neuer Name den meisten Menschen unbekannt ist, werde ich im Folgenden den selbst gewählten Namen der Person verwenden. Lana Kaiser war die erste queere Person im deutschen Fernsehen, die spielerisch mit dem eigenen Geschlechtsausdruck umging und ihre eigene Geschlechtsidentität auch offen thematisierte. «Ich fühle mich nicht männlich, nicht weiblich, ich fühl mich gut»,[3] sagte Kaiser bereits damals so selbstverständlich wie selbstbewusst im deutschen Fernsehen.

Im Publikum wie in der Jury sorgte ihr Auftreten für Irritationen. Die Leute konnten teilweise nicht mit Kaisers fluider Geschlechtsperformance umgehen, ihr Geschlechtsausdruck verwirrte sie, es fielen viele homo- und queerfeindliche Kommentare und Sprüche. Lana Kaiser, die damals als bisexuell geoutet war, zog viel Hass auf sich, und für einige Menschen war Kaiser nicht mehr als ein trauriger Clown, der es nicht anders verdiente, als dass ganz Deutschland sich über ihn lustig machte.

Andere wiederum liebten sie, nahmen sie als erfrischend anders, lebendig und selbstbewusst wahr. Viele Menschen bewunderten Kaiser dafür, dass sie so authentisch und gut gelaunt ihr Ding durchzog, Konventionen links liegen ließ und sich Geschlechterrollen und den dazugehörigen Regeln, Kleiderordnungen und Klischees ganz leichtfüßig widersetzte. Für einige Menschen wurde Lana Kaiser zu einem Vorbild, das sie daran erinnerte, ungeachtet von

Schubladen und Konventionen sein zu dürfen, wer sie waren, und dabei zu bleiben, auch wenn andere Personen das vielleicht nicht verstehen oder sogar ablehnen könnten.

Lana Kaiser polarisierte. Sie brach mit den gängigen Vorstellungen von Geschlecht und stellte Sehgewohnheiten auf die Probe. Und dennoch schaffte sie es in der ersten Staffel von *Deutschland sucht den Superstar* auf den dritten Platz. Laut dem Journalisten Tom Ehrhardt (er/ihn), der einen ganzen Podcast über Lana Kaisers Geschichte geschrieben hat, war Lana Kaiser die erste queer geoutete Person, die in Deutschland einen Nummer-eins-Hit hatte.[4] Und ich finde, darüber wird viel zu wenig geredet. Statt ihr die visionäre Rolle zuzugestehen, die sie damals auch innehatte, wurde Kaiser in den Medien zur schrägen Außenseiterin mit psychischen Problemen hochstilisiert. Lana Kaiser wurde und wird – auch innerhalb der queeren Bubble – nicht als Ikone gefeiert, sondern vor allem pathologisiert und als Fall für die Boulevardpresse behandelt: eine verrückte Querschlägerin mit psychischen Problemen auf der Jagd nach Aufmerksamkeit. Doch Kaiser war progressiv. Als Pionierin brachte sie visionäre queere Ideen schon lange vor YouTube und Instagram ins deutsche Fernsehen und bekam bis heute dafür erstaunlich wenig Credits. Bis auf einen Podcast und viele, viele Boulevard-Artikel, die auf ihren Tod folgten, wurde Lana Kaiser ebenso schnell vergessen wie die Tatsache, dass es zu dieser Zeit kaum Identifikationsfiguren und Vorbilder für queere Menschen gab – obwohl es gefühlt erst gestern war.

Ich selbst war 13, als Lana Kaiser berühmt wurde. Was für viele meiner Freund*innen abgedreht und merkwürdig war, war für mich vor allem eins: relatable. Für mich war Lana Kaiser die Repräsentation von etwas, das ich selbst fühlte, aber vorher noch nie bei jemand anderem gesehen hatte – schon gar nicht bei einer Person, die im Fernsehen stattfand. Sie hinterfragte das binäre Geschlechtersystem und die dazugehörigen Rollen, spielte mit ihnen und wurde damit für mich in dieser Zeit zu einer Identifikationsfigur. All das tat sie nicht auf eine bitterernste, sondern auf sehr spielerische, lustige, irgendwie naive Art – so, als würde es diese Schubladen gar nicht wirklich geben, wenn sie nur lange genug ignoriert werden. Mich hat das damals sehr beeindruckt; und jetzt, wo ich mich noch einmal ein wenig eingelesen habe in diese schrecklich cis- und heteronormativen, sexistischen und binären Nullerjahre, wundert es mich umso mehr, dass Lana Kaiser nie als die queere Ikone gefeiert wurde, die sie eigentlich war. Wie sie Geschlechterrollen vor den Augen der Öffentlichkeit ganz leichtfüßig ein Schnippchen schlug und dabei so tat, als wäre das gar nichts Neues, war bahnbrechend für das deutsche Fernsehen dieser Zeit.

So wie die meisten Menschen in Deutschland war auch ich damals mit meinen 13 Jahren weit davon entfernt, mich mit Konzepten von Nicht-Binarität oder Queerness auseinanderzusetzen, geschweige denn ein Wort dafür zu haben, was die Anwesenheit dieser Person vor einem großen Publikum mit mir machte. Doch schon damals wusste ich: Es lag nicht an der Musik. Es war die dazugehörige Figur, die mich faszinierte.

Zwei Jahre nach dem Hype um die erste Staffel *DSDS* wurde es ruhiger um Lana Kaiser. Sie machte zwar neben

Parfüms, Büchern und Filmen auch weiter Musik, erregte aber vor allem mit Negativschlagzeilen Aufmerksamkeit. Als sie mit einem Gurkenlaster zusammenstieß, erfuhr das ganz Deutschland. Später schrieb sie sich an einer Berliner Schauspielschule ein, ging 2018 von Bord eines Kreuzfahrtschiffes und gilt seitdem als vermisst. Kurz vor ihrem Tod war ein nicht verifiziertes Instagram-Profil aufgetaucht, auf dem neben Bildern von der Kreuzfahrt auch Selfies von ihr selbst mit Schmuck, Schminke und Kleidern zu sehen sind. Darunter der Hashtag #transsexuelle. Auf den mutmaßlichen Suizid folgen Spekulationen in der Presse, Gerüchte über Mobbing an der Schule machen die Runde, Lana Kaiser wird wieder pathologisiert, bis sie wenig später offiziell für tot erklärt wird.[5]

Sowohl Hella von Sinnen als auch Lana Kaiser und andere queere Menschen, die mit ihrem Geschlechtsausdruck aneckten, wurden von der Dominanzgesellschaft häufig als schrille Paradiesvögel rezipiert. So entstand der Eindruck, alle Queers stünden gern im Rampenlicht und würden gerne auffallen. Dabei ist es der heterosexuelle und cisgeschlechtliche Blick, der nach dieser Art von Unterhaltung verlangt – und wer zu jener Zeit in den Medien Erfolg haben wollte, musste diesen Blick bedienen. Natürlich haben auch laute Queers ihre Daseinsberechtigung in den Medien, problematisch wird es aber, wenn der Eindruck entsteht, Menschen müssten extrovertiert, laut und exzentrisch sein, um queer sein zu können. Denn nicht alle queeren Menschen sind extravagant, nicht alle trans Personen interessieren sich für Mode und nicht alle nichtbinären Menschen kleiden sich gern ausgefallen. Manche wollen auch einfach nicht auffallen und trotzdem weder als Mann noch als Frau gelesen werden. Und bei einigen Menschen, denen es so geht, weiß die Öffentlichkeit vermutlich schlicht (noch) nichts davon.

Zum Glück hat sich in den vergangenen zwanzig Jahren einiges getan, und queere Repräsentation gehört heute in vielen Bereichen fast selbstverständlich dazu. Gatekeeper*innen wie Dieter Bohlen und Heidi Klum spielen zwar nach wie vor eine Rolle – wenn auch oft in Form von Plattformen, dazugehörigen Algorithmen und Reichweite –, aber dennoch können sich heute diversere Personen einen Weg in die Öffentlichkeit verschaffen als noch vor einigen Jahren. Queere Content-Creator*innen und Influencer*innen droppen heute in Videos auf TikTok oder Instagram ganz nebenbei ihre Pronomen oder erzählen von ihren Erfahrungen bei Ärzt*innen, beim Dating oder in anderen Alltagssituationen. Manche thematisieren ihre Queerness auch gar nicht, sondern machen einfach ihr Ding und sind damit ebenfalls wichtige Identifikationsfiguren.

Einige Celebrities haben sich in den vergangenen Jahren als gender-nonconforming, agender, nicht-binär oder queer geoutet und sorgen damit dafür, dass in der Öffentlichkeit mehr über queere Geschlechtsidentitäten gesprochen und geschlechtliche Vielfalt sichtbarer wird. Miley Cyrus identifiziert sich öffentlich als genderfluid, Emma Corrin ist nicht-binär, Indya Moore trans, nonbinary und agender, Sam Smith, Demi Lovato und Janelle Monáe sind nicht-binär. Eine der bekanntesten nicht-binären trans Personen ist vermutlich der Schauspieler Elliot Page (he/him, they/them), der in den vergangenen Jahren mehrere

Coming-outs hinter sich brachte. Page identifiziert sich als trans, nicht-binär und queer und wird seit seinem Coming-out als trans häufig als Beispiel dafür herangezogen, wie Gender-Euphorie aussehen kann. Gleichzeitig erfuhr Page im Zusammenhang mit seinem Coming-out in der Öffentlichkeit viel Transfeindlichkeit. Page sprach sich in Interviews gegen die gesellschaftliche Obsession mit der Zweigeschlechterordnung aus, und durch das Coming-out des Superstars wurden in zahlreichen großen Mainstream-Medien Dinge thematisiert, die sonst nicht gerade häufig in Klatschblättern verhandelt werden: warum Deadnaming problematisch und für trans Personen verletzend ist oder wie sich Gender-Euphorie anfühlen kann zum Beispiel. Klar, Elliot Page ist in vielerlei Hinsicht privilegiert: Er ist *weiß*, berühmt und nicht von Armut betroffen, außerdem entspricht sein Körper gesellschaftlichen Schönheitsnormen. Und dennoch ist seine Präsenz als nicht-binäre trans Person wichtig für queere Sichtbarkeit. Er hat Reichweite, er hat Medienkontakte, er kann Themen auf den Tisch bringen, die ein Mainstream-Publikum ohne seine Popularität eher nicht erreichen würden. Es ist häufig auch viel Bildungsarbeit, die nicht-binäre, trans und queere Personen leisten, die in der Öffentlichkeit stehen. Während cis hetero Celebrities einfach ihren Job machen dürfen, müssen queere Prominente meist auch noch viel Aufklärungsarbeit leisten.

Im deutschsprachigen Raum sah es um nicht-binäre Charaktere und Geschichten lange ziemlich mau aus. Das erste Buch in meiner Erinnerung, das den Themenkomplex im deutschsprachigen Raum fiktional aufgriff, ist der

Roman *Vielen Dank für das Leben*, den Sibylle Berg 2012 im Hanser Verlag veröffentlichte und in dessen Zentrum die Hauptfigur Toto steht, die inter, trans und/oder nicht-binär interpretiert werden kann: «Toto ist ein Wunder. Ein Waisenkind ohne klares Geschlecht. Zu dick, zu groß, im Suff gezeugt. Der Vater schon vor der Geburt abgehauen, die Mutter bald danach. Und doch bleibt Toto wie unberührt», heißt es im Klappentext zu dem Buch. Toto wird dort als ein guter, vielleicht etwas naiver, aber empathischer und wohlwollender Mensch beschrieben, der an das Gute in der Welt glaubt, sich um seine Mitmenschen sorgt und dabei wieder und wieder auf unempathische, harte und schonungslose Personen trifft, die Toto wieder und wieder verstoßen. Die Welt, in der Toto lebt, ist kalt und deprimierend – genau wie die Menschen, denen Toto dort begegnet. Doch all die Grausamkeit und Härte halten Toto nicht davon ab, den Kontakt zu suchen, auf andere Menschen zuzugehen und sich um andere zu kümmern – nur um wieder und wieder verstoßen zu werden. «Geh weg, geh weg du ekliger Freak»,[6] sind die letzten Worte einer Frau, die Toto bis zu ihrem Tod pflegt.

Vielen Dank für das Leben ist ein deprimierender Roman, der eine unempathische, technische und menschenfeindliche Welt beschreibt, die von Ekel und Ausschluss geprägt ist. Die Hauptfigur bleibt – trotz ihres guten Willens – am Ende die ausgestoßene Person, der andere aus dem Weg gehen, die nirgendwo so richtig reinpasst und von der Menschen lieber Abstand nehmen, sich vielleicht sogar ekeln, um bloß nicht mit dieser Figur assoziiert zu werden. Autor*in Sibylle Berg (keine Pronomen) erklärt zehn Jahre nach Veröffentlichung des Romans in einem Interview mit der *Vogue*, dass Berg mit der Zweigeschlechterordnung nicht viel anfangen kann:

> [...] ich ordne mich nicht ein. [...] Ich weiß heute, dass niemand normal ist, dass es nur eine gesellschaftliche Norm gibt, die für mich gültig ist und die heißt: Alle sollen tun und leben, wie sie möchten, solange man andere nicht beeinträchtigt.[7]

Innerhalb der letzten paar Jahre hat die Anzahl nicht-binärer und genderqueerer Charaktere in Filmen und Serien zugenommen. In *We Are Who We Are* gehen zwei Teenager mit viel Zeit der eigenen Geschlechtsidentität und sexuellen Orientierung auf den Grund, *DRUCK*, die deutsche Adaption der norwegischen Serie *SKAM*, sorgt mit Isi ebenfalls für nicht-binäre Repräsentation, und die non-fiktionale Serie *Queer Eye Germany* hat mit Avi Jakobs (sie/ihr) und Leni Bolt (sie/they/keins) gleich zwei nicht-binäre Protagonist*innen im Team. Mit *Becoming Charlie* erschien im deutschen öffentlich-rechtlichen Fernsehen kürzlich eine ganze Mini-Serie über eine*n nicht-binäre*n Protagonist*in, *Sex and the City* hat mit Che Diaz jetzt einen nicht-binären Charakter, und in vielen Coming-of-Age-Serien sind Gender-Fluidity und Nicht-Binarität mittlerweile Thema.

In der dritten Staffel der britischen Serie *Sex Education* verknallt sich Jackson, der eigentlich cis und hetero ist, in Cal, seine*n neue*n nicht-binäre*n Mitschüler*in. Während Cal – bei allem Struggle – ziemlich genau zu wissen scheint, wer Cal ist, versucht Jackson, der in einer queeren

Familie mit zwei Müttern aufgewachsen ist, alles richtig zu machen, stößt aber im Umgang mit Cal und Cals Nicht-Binarität immer wieder an seine Grenzen. In einer Szene, in der die zwei sich eigentlich gerade näherkommen, bezeichnet er Cal als *beautiful*, was ausnahmsweise im Deutschen neutral und im Englischen ein gegendertes Wort ist,[*] und während Cal einen entspannten Umgang damit hat, ärgert Jackson sich laut über sich selbst. Er verlässt den Raum und lässt Cal allein zurück.

Cal steht die ganze Staffel über selbstbewusst für sich ein, doch der gesamte Charakter kreist fast ausschließlich um Cals Geschlechtsidentität und den Struggle damit. Cals Leben wirkt anstrengend und kompliziert. Ständig stößt Cal mit Cals bloßer Existenz an Grenzen und muss fortwährend irgendwelche Kämpfe ausfechten. Der Charakter ist zwar nah an der Realität, doch wird damit nicht das volle fiktionale Potenzial ausgeschöpft, was ja gleichermaßen die Chance bietet, eine nicht-binäre Person so einzubetten, dass sie nicht immer nur stark sein muss und Probleme hat, sondern akzeptiert, geliebt und supportet wird, obwohl die Gesellschaft stark auf Zweigeschlechtlichkeit ausgelegt ist. Vielleicht will Cal eigentlich einfach nur existieren, zur Schule gehen, Spaß haben, sich ausprobieren und verlieben, so wie alle anderen Teenager auch.

Leider haben nicht-binäre Protagonist*innen in den meisten Büchern und Serien vor allem eins: Probleme. Toto wird von allen verstoßen, und Isi aus *DRUCK* ist am

[*] *Beautiful* wird im Englischen in Bezug auf Frauen verwendet, *handsome* für Männer.

Anfang der Serie ein ziemliches Arschloch, Cal struggelt mit Liebesbeziehungen, und Layla, der zweite nicht-binäre Charakter in *Sex Education*, ist einfach nur unsicher und gehemmt. Gender-nonconforming, nicht-binäre und trans Personen haben es in unserer binär organisierten und cisnormativen Gesellschaft nicht leicht, und vieles ist für sie komplizierter und anstrengender als für cis Personen, doch es wäre schön, eine Serie oder einen Film mit einer nicht-binären Hauptfigur zu sehen, deren Haupteigenschaft nicht ihre Geschlechtsidentität und der Struggle damit ist, sondern die ganz nebenbei nicht-binär ist und andere Charaktereigenschaften, Gefühle, Höhen und Tiefen hat, die sie ausmachen.

Fiktionale Serien, Filme und Bücher haben die Macht, bestehende Klischees und Stereotype zu manifestieren – oder sie auszuhebeln und eine Welt zu erschaffen, in der nicht-binäre Charaktere nicht ausschließlich kompliziert und anstrengend sein müssen, sondern vieles auf einmal sein dürfen. Wie wäre es mit nicht-binären Charakteren, die sich ohne Probleme verlieben, Nähe erfahren, die lustig sein und Spaß haben dürfen, statt immer nur nachdenklich, ernst, ruhig und in sich gekehrt zu sein? Komplexe nicht-binäre Charaktere, die mehr sind als nur nicht-binär.

SiEBEN

Repräsentation ist nicht genug

Seit Lana Kaisers erstem Auftritt bei *Deutschland sucht den Superstar* im Jahr 2002 hat sich in Sachen queerer Repräsentation viel verändert. Heute gibt es queere Serien und Kinofilme, queere Influencer*innen, Moderator*innen, YouTube-Formate und TikTok-Kanäle, queere Aufklärungsbücher und Romane, queere Dating-Shows im Privatfernsehen. Mit Kerstin Ott hat selbst die Schlagerwelt ihr *gay icon,* und sogar Heidi Klum hostet heute eine Drag-Show. Doch hinter den Kulissen sitzen oft keine queeren Personen, und wo Diversity draufsteht, ist nicht immer Diversity drin. Auch im Jahr 2023 nutzen viele etablierte Medienpersonen ihre Macht nicht, um Klischees und Stereotype abzubauen, sondern zementieren den gesellschaftlichen Status quo. Sichtbarkeit ist eben nicht alles.

Zwar wurde innerhalb der letzten paar Jahre einiges nachgeholt, was in den 1990er- und 2000er-Jahren in Popkultur und Medienlandschaft nicht stattfinden durfte – es sind neue Formate entstanden, queere Menschen werden in Serien und Filmen immer sichtbarer und können sich in sozialen Medien Reichweite aufbauen –, doch Repräsentation in den Medien zieht nicht automatisch einen Abbau von Diskriminierung oder eine Ausweitung von Rechten für die queere Community nach sich.

Nur weil wir heute ab und zu mal eine trans oder nicht-binäre Person in den Medien oder der Werbung zu Gesicht bekommen, heißt das nicht, dass wir tatsächlich gleichberechtigt sind. Im Gegenteil: Je mehr die Themen der queeren Community in überregionalen Medien und großen Institutionen Platz finden, desto größer ist auch die Welle von Trans- und Queerfeindlichkeit, die den beteiligten Protagonist*innen entgegenschlägt. Je sichtbarer wir werden, desto mehr Hass wird uns entgegengebracht. Eine große Verantwortung für dieses Klima tragen auch Publizist*innen[1] und Medienhäuser,[2] die es für völlig unproblematisch zu halten scheinen, transfeindlichen Positionen als Teil einer vermeintlichen Meinungsdebatte wieder und wieder eine Plattform zu bieten. Reichweite bedeutet Macht, und die liegt noch immer größtenteils in den Händen weißer, heterosexueller cis Männer – und für viele von denen ist Transfeindlichkeit kein Problem, sondern ein Garant für viele Klicks und neue Abos. Der Literaturwissenschaftler Adrian Daub schreibt darüber in seinem Buch *Cancel Culture Transfer. Wie eine moralische Panik die Welt erfasst*:

> Im Falle eines einzigen Aufregertexts über trans Personen konnte mir ein Redakteur einer wichtigen deutschen Zeitung berichten, die mit den Klicks in Verbindung

stehenden Aboabschlüsse hätten sich «im dreistelligen Bereich» bewegt.[3]

Das würde zumindest erklären, wieso regelmäßig Texte über trans Personen erscheinen, obwohl es gar nicht so viele trans Personen gibt – und dass diese Texte so gut wie nie *von* trans Personen geschrieben werden, sondern fast ausschließlich *über* sie.

Besonders wild werden diese *Debatten* immer dann geführt, wenn trans und nicht-binäre Menschen in Kinder- und Jugendmedien vorkommen, womit wir wieder beim vermeintlichen «Kinderschutz» wären: *Die Sendung mit der Maus* thematisierte im Frühjahr 2022 in einem ihrer Beiträge Transgeschlechtlichkeit[4] und provozierte damit einen mittelschweren Skandal in rechtskonservativen Medienhäusern und den sozialen Netzwerken. Ja, es ist wahr: Eine öffentlich-rechtliche Kindersendung löst mit einer Folge über eine trans Frau Wut, Angst und Empörung bei erwachsenen Autor*innen und Redakteur*innen aus, woraufhin eine Welle von queer- und transfeindlichen Artikeln und Kolumnen durchs Land rollt, die die Schubladen der jeweiligen Verfasser*innen besser niemals verlassen hätten.

In dieser Folge der *Sendung mit der Maus* reist die Reporterin Siham El-Maimouni nach Hildesheim, um dort Katja (sie/ihr) zu besuchen, die den Zuschauer*innen aus ihrem Leben erzählt. Das Interessante an dem Beitrag: Katja war in der Vergangenheit bereits Protagonistin in der Sendung gewesen. *Die Sendung mit der Maus* hatte Katja damals, noch vor ihrem Coming-out und der Personenstandsänderung, begleitet, weil sie zwanzig Jahre lang obdachlos gewesen und gerade dabei war, sich wieder eine Wohnung zu suchen. Seit sie eine Wohnung gefunden hat, ist bei Katja viel passiert: Sie hat sich als trans Frau geoutet und eine Personenstandsänderung durchführen lassen. Katja ist offiziell eine Frau, hat ihre Wohnung eingerichtet, macht ein Praktikum, trägt gern elegante Kleidung und schminkt sich. Ein harmloser Beitrag über eine Person mit einem bewegten Leben.

Die Message des Beitrags: Es gibt trans Menschen, und Katja ist eine trans Frau. Punkt. Der Beitrag ist weder tendenziös noch propagiert er, dass Transitionen, Hormone oder geschlechtsangleichende Operationen cool sind oder besonders glücklich, beliebt oder interessant machen würden. Katja erzählt ihre Geschichte so wie andere Protagonist*innen in den 2362 Episoden der *Sendung mit der Maus*, die zuvor erschienen sind, auch. That's it.

Anders wird diese Folge der *Sendung mit der Maus* in rechtskonservativen Kreisen rezipiert. Dort wird die Folge mit Katja als «Indoktrination»[5] und «Transgender-Propaganda»[6] interpretiert. Das Medienecho auf den Beitrag ist riesig, die Aufregung groß. Die Folge wird in zahlreichen Medien rezensiert, teils positiv und teils in einem alarmistischen Ton. Einige Rezensionen und Artikel lesen sich, als würde *Die Sendung mit der Maus* mit ihrem Beitrag über Katja für etwas sehr Gefährliches werben, von dem Kinder auf gar keinen Fall erfahren dürfen. Chantal Louis, die ungefähr zeitgleich mit dem Artikel zusammen mit Alice Schwarzer das Buch *Transsexualität. Was ist ein Mann? Was ist eine Frau?* veröffentlicht, schreibt in der *Emma*, in der *Sendung mit der Maus* würde unkritisch «[...] für das ‹sogenannte› Selbstbestimmungsgesetz der Regierung» geworben und «[...] sämtliche Gefahren des Gesetzesentwurfs, der schon 14-Jährige zum ‹Geschlechtswechsel› einlädt, ignoriert.»[7]

Das Selbstbestimmungsgesetz lädt niemanden zum Geschlechtswechsel ein, und Kinder outen sich nicht reihenweise als trans, weil sie in der *Sendung mit der Maus* mal eine trans Frau gesehen haben. Doch der Tenor zur Sendung in vielen rechten und konservativen Medien bleibt: Kindsgefährdung in der *Sendung mit der Maus*! Dabei gab es bei der Maus in der Vergangenheit auch Folgen über Champagner,[8] Axtherstellung[9] oder Voltigieren[10] – allesamt Themen, die gefährlicher sind als eine Sendung über eine trans Frau.

Auch Ex-*Bild*-Chef Julian Reichelt, der nur wenige Monate zuvor wegen Vorwürfen des Machtmissbrauchs aus dem Axel-Springer-Haus entlassen worden war, ist erzürnt und twittert im Anschluss an die Veröffentlichung seine Einschätzung zum Beitrag:

> In der *Sendung mit der Maus* wird der Zielgruppe der 4- bis 9-Jährigen heute erklärt, was eine Transperson (sic!) ist. Demnächst: Warum es Mann und Frau gar nicht gibt. Ideologisch-sexualisierte Früherziehung mit Zwangsgebühren.[11]

Darauf kontert das Social-Media-Team der *Sendung mit der Maus*:

> Die heutige Sendung findest du in der Mediathek auf http://wdrmaus.de. Auch als erwachsene Person kann man bei uns noch viel lernen zu relevanten Themen wie z. B. Toleranz. Die Maus ist dazu da, den Horizont für Groß und Klein zu erweitern.[12]

Das Internet lacht, Memes werden geteilt, Twitter explodiert. Julian Reichelt hat sich mit der *Maus* angelegt! Und ja, das könnte witzig sein, wenn Reichelts Tweet nicht Ausdruck eines trans- und queerfeindlichen Narrativs wäre, das seit einer Weile – teilweise ganz ungehemmt und öffentlich, größtenteils aber getarnt als «Sorge um das Wohl unserer Kinder» – in den sozialen Netzwerken, in rechten und konservativen Medienhäusern sowie bei Publizist*innen der sogenannten bürgerlichen Mitte sein Unwesen treibt. In Artikeln, Tweets und Büchern werden trans und nicht-binäre Personen, Queers und Menschen, die sich für Aufklärung rund um sexuelle und geschlechtliche Vielfalt einsetzen, pathologisiert, ihnen wird vorgeworfen, wissenschaftliche Fakten zu leugnen, eine Ideologie oder Propaganda zu verbreiten, Kinder zu indoktrinieren, und nicht selten werden sie dabei in eine Ecke mit Sexualstraftäter*innen gestellt.[13]

Anfang Juni 2022 beginnt in der deutschen Medienlandschaft eine langwierige, aufgeladene und transfeindliche Debatte über Zweigeschlechtlichkeit, öffentlich-rechtliche Medien und die Aufklärung über geschlechtliche Vielfalt mit einem Gastbeitrag von fünf Wissenschaftler*innen in der *WELT*.[14] Zusammen mit einem Dossier und einem offenen Brief an die Öffentlich-Rechtlichen, der von 120

Personen unterzeichnet und auf der Internetseite der Autorin Eva Engelken[*] veröffentlicht wurde,[15] werfen fünf Autor*innen unter dem Titel «Wie ARD und ZDF unsere Kinder indoktrinieren» den öffentlich-rechtlichen Medien in Deutschland vor, eine «woke Trans-Ideologie» zu verbreiten und journalistische Standards, wissenschaftliche Tatsachen und biologische Fakten zu ignorieren, um Kinder ideologisch «umzuerziehen».

Das, was auf Kanälen wie *Auf Klo*, *Y-Kollektiv* oder *Quarks und Co.*[**] zu sehen sei, böte ein «erschreckendes Bild», sei nicht wissenschaftlich fundiert und verfolge keine journalistischen Grundsätze, sondern sei «nur noch eine Inszenierung von Journalismus». Die Autor*innen behaupten, Kinder würden auf Kanälen, die ihre Eltern nicht auf dem Radar hätten, «indoktriniert und [...] aufdringlich sexualisiert». Weiter werfen sie den öffentlich-rechtlichen Medien tendenziöse Berichterstattung und Bedeutungsverschiebung vor: «Wissenschaftler und Kritiker» würden nicht gehört, und es entstehe ein «auf widerlegbaren Falschaussagen fußendes Zerrbild der Realität, welchem Kinder und Jugendliche nun selbst in der früher harmlosen ‹Sendung mit der Maus› ausgesetzt» würden. Laut Einschätzung der Autor*innen ziele die Berichterstattung darauf ab, den Forderungen von «Trans-Lobbygruppen»

[*] Die Eva Engelken, die im September 2022 ein transfeindliches Buch veröffentlicht, in dem sie sich um 18 Prozent «vertut».

[**] «Quarks und Co.» ist übrigens gar keine Kindersendung, sondern richtet sich an Erwachsene und «Auf Klo» und «Y-Kollektiv» richten sich an Jugendliche.

Gehör zu verschaffen und das Selbstbestimmungsgesetz zu *bewerben*. Das nämlich, so die Autor*innnen weiter, wolle der öffentlich-rechtliche Rundfunk – so wortwörtlich im Artikel – «gesellschaftlich und politisch durchboxen». Sie schließen ihren Text mit der Behauptung, der öffentlich-rechtliche Rundfunk würde Kinder ideologisch umerziehen:

> Es kann nicht angehen, dass eine kleine Anzahl von Aktivisten mit ihrer «woken» Trans-Ideologie den ÖRR unterwandert, Falschdarstellungen als vermeintlichen Stand der Wissenschaft verbreitet und das Leben von Kindern und Jugendlichen nachhaltig beschädigt. Eltern wissen in der Regel nicht, was mit solchen Sendungen den Kindern angetan wird und mit welchen Botschaften diese indoktriniert werden. Niemand hat den ÖRR beauftragt, Kinder im Sinne einer ideologisch motivierten Agenda umzuerziehen.[16]

Nach dem Lesen des Textes bleiben viele Fragen: Was genau wird Kindern mit diesem Beitrag «angetan»? Welche «Aktivisten» stecken hinter dem öffentlich-rechtlichen Rundfunk? Wessen Leben wurde «nachhaltig» durch den öffentlich-rechtlichen Rundfunk «beschädigt», und welche «ideologisch motivierte Agenda» meinen die Autor*innen? Was ist eine Trans-Ideologie? Wo gibt es Trans-Lobbygruppen? Wo sind die Erfahrungsberichte, die Belege, die Beweise? Wo ist die Recherche, das Quellenverzeichnis, die Evidenz? Ohne Belege sind die Behauptungen und Unterstellungen, die die Autor*innen in ihrem Text aufstellen, nichts als Hypothesen. Und Hypothesen werden nicht automatisch zu Tatsachen, wenn sie von Wissenschaftler*innen formuliert werden. Eine fundierte Analyse der Beiträge bleibt dabei aus – auch in dem fünfzigseitigen Dossier mit dem Titel *Ideologie statt Biologie im ÖRR*, das die Gruppe zeitgleich veröffentlicht und mit dem Welt-Artikel bewirbt.[17]

Im Artikel und dem dazugehörigen Dossier wird die Profession der Autor*innen als Wissenschaftler*innen beziehungsweise Biolog*innen in den Vordergrund gestellt. Fast wirkt es, als würde allein die Tatsache, dass die Autor*innen studiert und – zu Teilen – auch promoviert haben, bereits als Argument durchgehen. Als Wissenschaftler*innen gelten sie schließlich als gebildet und neutral, vertrauens- und glaubwürdig. Weniger wichtig scheint dabei jedoch zu sein, in welchem Fachbereich die jeweiligen Personen wissenschaftlich tätig sind. Hauptsache, Wissenschaftler*in, so scheint es. Bis auf Alexander Korte ist keine*r der am Artikel beteiligten Autor*innen, die sich hier als vertrauenswürdige Expert*innen inszenieren,[18] vorher öffentlich mit wissenschaftlich fundierten Publikationen zum Thema Geschlecht in Erscheinung getreten. In der Wissenschaft gehört das allerdings dazu, wenn jemand sich auf einem Gebiet etablieren möchte – auch Doktorand*innen sind auf Publikationen in wissenschaftlichen Papers angewiesen, wenn sie eine wissenschaftliche Karriere anstreben. Kortes Co-Autor*innen indes haben sich in ihren Publikationen – sofern diese online über Google Scholar, Researchgate und im Katalog der Deutschen National Bibliothek auffindbar sind – mit sehr unterschiedlichen Themen auseinandergesetzt, doch Geschlecht taucht in der Reihe nicht auf: Marie-Luise Vollbrecht forscht in ihrer Dissertation zu den Auswirkungen von Sauerstoffentzug auf die Gehirnzellenvermehrung schwach elektrischer Fische,[19] Uwe Steinhoff hat vor allem zu Ethik, Moral und Krieg publiziert,[20] Antje Galuschka veröffentlichte ein Buch über Biochemie[21] und Rieke Hümpel betreibt eine Kommunikationsagentur[22] und schreibt auf Twitter viel über die Abschaffung des Rundfunkbeitrags und die Gefahren, die angeblich von gegenderter Sprache ausgehen. Ihre Twitter-Bio: «Mutter, Texter, Biologe».[23]

Der Status der Autor*innen als Wissenschaftler*innen spielt in Bezug auf Geschlecht und den Umgang mit geschlechtlicher Vielfalt in den öffentlich-rechtlichen Medien also höchstens eine geringe Rolle. Glaubwürdig wären sie dann, wenn sie wirklich Expertise in jenem Fachbereich hätten, über den sie in ihrer Funktion als Wissenschaftler*innen schreiben – und wenn sie ihre Behauptungen belegen könnten. Bei einer «Medienanalyse» drängt sich außerdem die Frage auf, warum sich ausgerechnet drei Biologinnen, ein Philosoph und ein Psychiater die Prüfung der öffentlich-rechtlichen Inhalte vorgenommen haben, ohne Medienwissenschaftler*innen oder Soziolog*innen hinzuzuziehen.

Der einzige beteiligte Autor, der sich vor der Veröffentlichung des Artikels bereits wissenschaftlich, öffentlich und medienwirksam mit Geschlecht auseinandergesetzt hat, ist der Jugendpsychiater Alexander Korte, der zwar immer wieder von unterschiedlichen Medien als Experte zitiert wird, aber umstrittene Positionen vertritt: Bereits vor dem

Artikel in der *WELT* hatte er in unterschiedlichen Medien vor der Einführung eines Selbstbestimmungsgesetzes[24] und einem «medialen Trans Hype» gewarnt.[25] 2022 bezeichnete er Transgeschlechtlichkeit in einem Interview mit der taz als «Zeitgeistphänomen»[26] und sagte, es sei «in bestimmten Szenen hip, trans zu sein».[27] Auf ein Interview mit Korte, das 2019 im *Spiegel* veröffentlicht worden war,[28] reagierten Kolleg*innen aus der Endokrinologie und Kinder- und Jugendpsychiatrie mit einem offenen Brief, in dem sie betonten, Korte vertrete Einzelpositionen, «die im Lichte aktueller medizinischer Standards bedenklich sind, weil sie geeignet sind, minderjährige Behandlungssuchende, die unter Geschlechtsdysphorie leiden, zu stigmatisieren, zu diskriminieren und zu verunsichern sowie behandelnde Ärztinnen und Ärzte, die standardkonform behandeln, zu diskreditieren».[29]

Nur weil eine Person Ärzt*in oder Wissenschaftler*in ist und hauptberuflich naturwissenschaftlich forscht, ist sie nicht zwangsläufig neutral. Auch Wissenschaftler*innen und Ärzt*innen schauen mit einem durch persönliche Erfahrungen geprägten Blick auf die Welt und ihren Forschungsgegenstand, können politische Absichten haben, diskriminieren, stigmatisieren und transfeindlich sein. Trotzdem werden Naturwissenschaftler*innen oft erst mal als glaubwürdig wahrgenommen. Ärzt*innen und Hochschulprofessor*innen gehören seit Jahren zu den angesehensten Berufsgruppen in Deutschland und genießen einen Vertrauensvorschuss in der Gesellschaft.[30] Problematisch wird es, wenn Wissenschaftler*innen diesen Vertrauensvorschuss und/oder ihre akademischen Titel ausnutzen, um andere Menschen abzuwerten, politische Ziele zu verfolgen oder Falschinformationen zu verbreiten, wie wir es zum Beispiel während der Coronapandemie häufig bei Ärzt*innen beobachten konnten.[31]

Doch zurück zu unseren Wissenschaftler*innen aus der *WELT*. In der sogenannten Analyse, die die Autor*innen zeitgleich mit dem Beitrag als Dossier unter dem Titel *Ideologie statt Biologie im ÖRR* veröffentlicht haben, finden sich viele Behauptungen, Scheinargumente und leere Phrasen: Den Autor*innen gelingt es nicht einmal herauszufinden, aus wessen Feder ein Beitrag stammt, obwohl der Autor*innen-Name transparent und öffentlich direkt unter dem Video in der Videobeschreibung steht. Hinter einem Video des funk-Formats *Auf Klo*,[32] das ich als Autor*in zu verantworten habe,[33] vermutet Rieke Hümpel im Dossier: «Der gesamte Beitrag klingt wie aus der Feder eines Transaktivisten. [...] Sitzen in der Redaktion dieses Formates des ÖRR Transaktivisten, die unkontrolliert ihre Propaganda an Jugendliche herantragen können?»[34]

Der Autor*innenname steht für alle einsehbar direkt unter dem YouTube-Video, und wer in der Redaktion sitzt, lässt sich mit einem Klick auf die Kanalinfo und die Teamseite der dort aufgeführten Produktionsfirma ganz leicht herausfinden. Auch die Quellenliste, die als Grundlage für das Skript diente, ist in der Videobeschreibung auf YouTube öffentlich einsehbar. Hümpels Kritik erweckt den Eindruck, sie habe sich vor ihrer «Analyse» nicht einmal damit auseinandergesetzt, wie funk organisiert ist und wer hinter dem Format steckt.

Es scheint, als ignoriere sie die Informationen über die

Redaktion, die am Video beteiligten Personen und die zugrunde liegenden Quellen bewusst, um die Angst vor den «Transgender-Aktivisten», die angeblich hinter den Kulissen des öffentlich-rechtlichen Rundfunks sitzen, weiter zu schüren: «Ob bei diesem Format gezielt Grooming betrieben wird, kann nicht eindeutig belegt werden, sollte aber selbstkritisch vom ÖRR überprüft werden. [...] Eindeutig werden hier indes Kinder und Jugendliche unter dem Banner von ‹Aufklärung› genderideologisch indoktriniert», schreibt Hümpel im Dossier über *Auf Klo* weiter. Grooming ist tatsächlich ein Begriff, der mehr Aufmerksamkeit verdient. Cyber Grooming beschreibt nämlich eine Form der sexualisierten Gewalt: das Annähern erwachsener Personen an Kinder und Jugendliche im Internet mit der Absicht, sie sexuell zu belästigen. Das unterstellt Rieke Hümpel an dieser Stelle der *Auf-Klo*-Redaktion und rückt damit ein junges, queeres und professionelles Team, das ein öffentlich-rechtliches Aufklärungsformat produziert, in die Nähe von Sexualstraftäter*innen. Der Vorwurf der Pädophilie, der Perversion, der sexuellen Übergriffigkeit ist eine altbekannte Strategie, um gegen queere Menschen zu hetzen, die beispielsweise auch Ungarns Ministerpräsident Viktor Orbán gerne nutzt, wenn es um die Aufklärung über geschlechtliche und sexuelle Vielfalt geht.[35]

Ein weiteres transfeindliches Narrativ, das in ganz unterschiedlichen Kontexten immer wieder reproduziert wird, ist die Erzählung von der *Transgenderlobby*. Die Behauptung, es gäbe eine übermächtige *Transgenderlobby*, vereint Rechtskonservative, Teile der bürgerlichen Mitte und TERFs. So spricht neben den vermeintlich harmlosen

Autor*innen in der *WELT* unter anderem auch die AfD-Abgeordnete Beatrix von Storch immer wieder von einer Translobby.[36]

«Die Trans-Lobby will die Unsicherheit von Kindern ausnutzen, um sie dazu zu bewegen, sich chemisch kastrieren und später körperlich verstümmeln zu lassen, um die Zahl der ‹Trans-Personen› nach oben zu treiben»,[37] heißt es in einer Pressemitteilung der AfD-Bundestagsfraktion aus dem Oktober 2022.

Behauptungen wie diese haben zwar keinerlei Halt in der Realität, machen aber etwas mit Menschen, die im Alltag vielleicht noch keine Berührungspunkte mit nichtbinären oder trans Personen hatten. Lese ich den *WELT*-Artikel, den offenen Brief und das dazugehörige Dossier, ohne mich vorher mit Transfeindlichkeit, geschlechtlicher Vielfalt, der Aufklärung darüber sowie dem System der öffentlich-rechtlichen Medien und funk – inklusive der Kritik daran – auseinandergesetzt zu haben, bleibt vor allem eins hängen: «Transgender-Aktivisten», die einer mächtigen Translobby nahestehen, haben die Öffentlich-Rechtlichen unterwandert, um Kinder, die ihnen schutzlos ausgeliefert sind, ideologisch umzuerziehen und eventuell sogar sexuell zu belästigen. Ergo: Trans Personen sind bedrohlich!

Texte wie diese streuen Desinformationen und schüren Ängste und Vorurteile gegenüber einer Minderheit, die ohnehin schon besonders häufig von Stigmatisierung, Diskriminierung und Gewalt betroffen ist. Nicht nur werden damit trans Personen diskriminiert und dämonisiert und die Aufklärung über sexuelle und geschlechtliche Vielfalt, die zu mehr Selbstbestimmung anregen soll, mit sexualisierter Gewalt gleichgesetzt, sondern auch Unwahrheiten über den öffentlich-rechtlichen Rundfunk in den Raum gestellt[*] und damit gleich dreifach rechte Narrative bedient.

Antidemokratische Kräfte bekommen mit Behauptungen wie diesen immer wieder eine Bühne in konservativen und bürgerlichen Medien – gerade in Zusammenhang mit dem öffentlich-rechtlichen Rundfunk. Auf diese Weise werden Desinformationen über eine angebliche Transgenderlobby und gewaltbereite Aktivist*innen verbreitet und trans- und queerfeindliche Narrative in der Mitte der Gesellschaft verankert, begründet mit – wir kennen es bereits – einer angeblichen Angst um «unsere Kinder», die durch die öffentlich-rechtlichen Medien wahlweise sexuell belästigt oder ideologisch umerzogen werden sollen. Die

[*] Der öffentlich-rechtliche Rundfunk wurde in der Bundesrepublik nach dem Zweiten Weltkrieg von den Westalliierten gegründet, um eine mediale Gleichschaltung nach dem Nationalsozialismus zu verhindern. Die öffentlich-rechtlichen Medien sind in Deutschland nach wie vor bewusst vom Staat getrennt und damit ein wichtiger Baustein der Pressefreiheit und Demokratie. Deshalb werden sie auch nicht über Steuergelder, sondern über den sogenannten Rundfunkbeitrag finanziert und vom Rundfunkrat kontrolliert. Das öffentlich-rechtliche System in Deutschland ist an vielen Stellen erneuerungsbedürftig, und es gibt viel zu kritisieren. Dennoch kommt die allgemeine Kritik daran häufig aus einer antidemokratischen Ecke – gerade wenn es um Themen wie die Aufklärung über sexuelle und geschlechtliche Vielfalt, Antisemitismus, Rassismus, Sexismus und Ableismus geht, werfen rechte Akteur*innen den öffentlich-rechtlichen Medien vor, gleichgeschaltet zu sein und linke Propaganda oder Ideologien zu verbreiten.

Wege, die diese Erzählungen dabei nehmen, sind häufig so verzweigt und kompliziert, dass sie im Nachgang nur schwer zu rekonstruieren und kontextualisieren sind.

Statt Gerüchte über vermeintlich übermächtige «Trans-Lobbygruppen»[*] zu verbreiten, hätten sich die Autor*innen auch mit der Anti-Gender-Bewegung auseinandersetzen können. Die existiert nämlich wirklich, ist organisiert, agiert transnational und pumpt ordentlich Geld in antiemanzipatorische Propaganda. Laut einem Bericht des *Europäischen Parlamentarischen Forums für sexuelle und reproduktive Rechte* flossen zwischen 2009 und 2018 über 700 Millionen US-Dollar in «Anti-Gender-Aktivismus» in Europa[38] – und es wird davon ausgegangen, dass die tatsächlichen Zahlen noch weitaus höher sind: «Während einerseits Schwarzgeld aus privaten Quellen allgegenwärtig ist, versuchen sie andererseits auch, öffentliche Mittel für ihre Ziele und Akteure anzuzapfen oder zu gewinnen. [...] Somit stellen die Mittel in Höhe von 707 Millionen USD, [...] die von religiösen Extremisten zur Förderung von Anti-Gender-Aktivismus in Europa verwendet werden, nur die Spitze des Eisbergs aller Gelder, die wahrschein-

[*] Natürlich gibt es Vereine und Initiativen wie den Bundesverband Trans* e.V. oder die Deutsche Gesellschaft für Transidentität und Intersexualität e.V., die sich für die Rechte von trans Personen und anderen queeren Menschen einsetzen. Von einer einflussreichen oder mächtigen «Translobby» zu sprechen, ist allerdings übertrieben, realitätsfern und transfeindlich. Gleiches gilt für die angebliche «Homo-Lobby», der (ähnlich wie der «Translobby») vorgeworfen wurde, die Mehrheitsgesellschaft zu bedrohen oder mit ihrer «LGBTIQ Agenda» zu unterwandern.

lich zugunsten dieser regressiven Agenda fließen, dar.» Weiter heißt es in dem Bericht, dass «die wirkliche Spitze des Eisbergs die größeren überlappenden politischen und wirtschaftlichen Projekte» seien, die mit dem religiös-extremistischen normativen Projekt einhergingen, mit dem Menschenrechte untergraben würden, während «zugleich die Grundfesten der regulierten Marktwirtschaft und der freien, pluralistischen Demokratie angegriffen» würden.[39] Unter den darin aufgezählten Geldgeber*innen finden sich unter anderem russische Oligarchen, Evangelikale und andere religiöse Akteure – alle vereint im Kampf gegen sexuelle und geschlechtliche Selbstbestimmung. *Das* ist wirklich eine Bedrohung – vor allem, weil darüber viel weniger berichtet wird als über die vermeintlich so gefährliche, in Wirklichkeit aber gar nicht existierende[40] Translobby.

Im Juli 2022 erreichen die transfeindlichen Narrative, die durch die Diskussion über *Die Sendung mit der Maus* in den medialen Mainstream gelangten, das nächste Level. Die Biologie-Doktorandin Marie-Luise Vollbrecht, die ebenfalls am *WELT*-Artikel beteiligt war, hat zur *Langen Nacht der Wissenschaften* an der Berliner Humboldt-Universität einen Vortrag mit dem Titel *Geschlecht ist nicht (Ge)schlecht: Sex, Gender und warum es in der Biologie zwei Geschlechter gibt* angekündigt. Weil Vollbrecht zuvor bereits mit transfeindlichen Tweets aufgefallen und am besagten Artikel beteiligt war, meldete der *Arbeitskreis kritischer Jurist*innen (akj)*, ein Zusammenschluss Jura studierender Personen an der HU, zur *Langen Nacht der Wissenschaften* eine Kundgebung gegen Transfeindlichkeit vor dem

Hauptgebäude der Humboldt-Universität an, und der *Referent_innenRat* der Uni[*] rief die Studierendenschaft per E-Mail zur Teilnahme daran auf.[41] Daraufhin wiederum kündigten Vollbrecht-Unterstützer*innen Gegenproteste an, und die Universitätsleitung verschob den Vortrag vorläufig. Die Begründung: Die Demonstrationen um Vollbrechts Vortrag könnten zu Eskalationen führen, die «die gesamte *Lange Nacht der Wissenschaften* überschatten und gegebenenfalls massiv stören» könnten. Die Meinungen, die Vollbrecht im *WELT*-Artikel vertreten habe, stünden nicht im Einklang mit dem Leitbild der Universität und deren Werten, es gebe jedoch keine wissenschaftlichen Einwände gegen ihren Vortrag zu Fragen des biologischen Geschlechts, weshalb er nicht abgesagt, sondern verschoben würde.[42]

Das Thema wird durch sämtliche Medien gereicht. Meist wird in der Berichterstattung jedoch nicht erwähnt, dass die Universitätsleitung den Vortrag nicht wegen der angemeldeten Kundgebung gegen Transfeindlichkeit verschoben hat, sondern erst nach der Ankündigung der daraufhin angemeldeten Gegenproteste. Kurz danach veröffentlicht Marie-Luise Vollbrecht ihren geplanten Vortrag auf YouTube, wo er in kurzer Zeit über 100 000-mal geklickt wird.[43] In diesem Vortrag behauptet sie unter anderem, viele Sozial- und Geisteswissenschaftler*innen würden den Unterschied zwischen *Sex* und *Gender* nicht verstehen: «Dass dieser Diskurs so emotional ist, liegt halt

[*] Die Studierendenvertretung, die an anderen Universitäten AStA oder StuRa heißt.

daran, dass viele Sozial- und Geisteswissenschaftler nicht verstehen, was eigentlich mit diesem Begriff des ‹sex› – oder des Geschlechts – gemeint ist»,[44] sagt Vollbrecht zu Beginn ihres Vortrags, um anschließend zu erzählen, wie Seeanemonen sich vermehren, und einen Vortrag über die Grundlagen der geschlechtlichen Fortpflanzung zu halten. Sie kritisiert außerdem, dass in ein paar Überschriften aus den USA fälschlicherweise das Wort *Gender* verwendet wurde, wo *Sex* hätte stehen müssen, um gegen Ende des Videos noch mal auf die Gender Studies zurückzukommen:

> Ich glaube, in den Genderwissenschaften hat sich einfach ein komplett eigener Kosmos abgekapselt, in der Art und Weise, wie über Geschlecht gedacht wird oder geforscht wird, ohne da eine naturwissenschaftliche Perspektive einzubeziehen oder nur eine sehr komische, die nicht dem Stand der Wissenschaft entspricht, der modernen Biologie oder der modernen Medizin.[45]

In der *ZEIT* veröffentlicht sie ungefähr zeitgleich einen Artikel mit dem Titel *Der Vortrag, den ich nicht halten konnte,* in dem sie darauf hinweist, dass *Sex* und *Gender* nicht austauschbar verwendet werden dürfen. Ihr sei die Unterscheidung deswegen so wichtig, weil die «Auswirkungen der sprachlichen Verzerrung folgenschwer» seien. Am Ende schreibt sie noch: «Ich bin nicht menschenfeindlich, im Gegenteil, ich habe große Sympathien mit allen, die wegen ihrer sexuellen Orientierung oder ihres Andersseins diskriminiert werden. Politisch stehe ich weit links. Aber ich bin eben dagegen, normative und soziale Fragen auf Kosten naturwissenschaftlicher Erkenntnisse zu debattieren.»[46]

Das Problem an Vollbrechts Gastbeitrag in der *ZEIT*: Er wird nicht ausreichend kontextualisiert. Lese ich nur den Text, ohne die Hintergründe[47] zu kennen, wirkt er wie die Selbstverteidigung eines ungerecht behandelten harmlosen Opfers einer vermeintlichen Cancel Culture. Schaut her, ich bin harmlos! «Ich bin nicht menschenfeindlich, im Gegenteil [...].» So entsteht der Eindruck, die Diskussion um Vollbrecht sei emotional aufgeladen und übertrieben.

Dass Vollbrechts Twitter-Account sich eher wie der einer transfeindlichen Aktivistin als der einer neutralen Nachwuchswissenschaftlerin liest, kommt in der medialen Berichterstattung kaum vor. Warum ihr Vortrag vom *Arbeitskreis kritischer Jurist*innen* kritisiert worden war und was Transfeindlichkeit eigentlich ist, wird in zahlreichen Medienberichten nicht eingeordnet.[48] Stattdessen wird in einigen Medien der Eindruck zementiert, ein gewaltbereiter Mob aus trans Menschen habe eine friedliche Wissenschaftlerin mit allen Mitteln davon abgehalten, einen harmlosen wissenschaftlichen Vortrag zu halten. Sie wird als Opfer einer Cancel Culture inszeniert, in der aggressive und organisierte trans Aktivist*innen nur drauf warten, cis Menschen wegzucanceln:

«Woher die aggressive Unerbittlichkeit der Transgender-Aktivist*innen rührt»,[49] «Ausgeladene Biologin: ‹Ich bin völlig am Ende›»[50] oder «Evolutionsbiologe: ‹Die Aktivisten könnten genauso gut sagen, die Erde sei eine Scheibe›»[51] sind nur einige der Überschriften, die innerhalb der folgenden Tage in Zeitungen und Magazinen über die sogenannte Causa Vollbrecht zu lesen sind. Solche Titel wecken Assoziationen. Und dass solche Überschriften nicht wertfrei sind, müssten publizistisch tätige Personen eigentlich wissen. Sie beteiligen sich an einer Erzählung, die trans Personen als Täter*innen und Geistes- und Sozialwissenschaften als Aktivismus framt. Sogar die Bildungs- und Wissenschaftsministerin Bettina Stark-Watzinger äußert sich zu dem Vorfall an der HU und meint, es dürfe «[...] nicht in der Hand von Aktivisten liegen, welche Positionen gehört werden dürfen und welche nicht».[52] Wissenschaft lebe von Freiheit und Debatte, das müssten alle «aushalten».

Dass auch Marie-Luise Vollbrecht Aktivistin ist, erwähnt dabei niemand. Stattdessen wird das Bild der neutralen Wissenschaftlerin in vielen Medien aufrechterhalten: Als Vollbrecht in einem Interview auf *t-online.de* gefragt wird, was dagegen gesprochen hätte, wenn ein*e Soziolog*in ihren Vortrag hinterfragt hätte, sagt sie, das sei dasselbe, wie wenn Biolog*innen Theolog*innen auf ihre Arbeit schauen lassen würden.[53] Ein absurder Vergleich, der die Rhetorik, die Vollbrecht nutzt, aber gut auf den Punkt bringt: Sie, die selbst keine wissenschaftlichen Publikationen zu dem Thema vorweisen kann, spricht Vertreter*innen anderer Disziplinen ihre Expertise ab, Gehaltvolles zum Diskurs über Zweigeschlechtlichkeit beizutragen, und vergleicht Soziologie mit Theologie – einer Disziplin, die mit dem Forschen über Geschlecht nun wirklich nichts zu tun hat.[*]

[*] ... was natürlich nicht heißen soll, dass es nicht auch Theolog*innen gibt, die sich forschend mit Geschlecht auseinandersetzen.

An anderer Stelle schreibt Vollbrecht auf ihrem Twitter-Account, «alles» erinnere sie an «Diskussionen mit Kreationisten».[54] Absurderweise verweist sie selbst, um ihre Zweigeschlechtlichkeits-Überzeugung zu «belegen», in einem Tweet[55] auf ein Interview[56] mit dem Molekularbiologen und Kreationisten Siegfried Scherer auf *livenet.de* – dem «christlichen Webportal» eines evangelikalen Vereins aus der Schweiz. Vollbrecht, die ihre Kritiker*innen als wissenschaftsfeindliche Ideolog*innen zu diskreditieren versucht, scheint einen evangelikalen Blog also für eine seriöse Quelle zu halten.

Naturwissenschaftler*innen sind leider nicht automatisch unpolitisch, sondern können – genau wie Menschen aller anderen Berufsgruppen auch – Aktivist*innen sein, die politische Ziele verfolgen. Es gibt kein Naturgesetz, das das untersagt. Nicht selten wurden und werden Ideologien biologistisch begründet, und oft diente die Biologie in der Geschichte als Rechtfertigung, Menschen aufgrund bestimmter Merkmale zu klassifizieren, abzuwerten und ungerecht zu behandeln. Auch sexistisches, rassistisches oder antisemitisches Handeln wurde und wird häufig mit einer pseudowissenschaftlichen und vermeintlich biologisch oder genetisch begründeten Überlegenheit bestimmter Menschen über andere verteidigt.

Wissenschaft ist der Versuch, die Welt begreifbar zu machen. Wir versuchen, uns die Welt anhand von Modellen, Theorien und Kategorien zu erklären. Die Kategorien, auf die wir dabei zurückgreifen, sind aber nie *natürlich*, sondern immer menschengemacht, und sie können jederzeit von einem neuen System, einer neuen Erkenntnis abgelöst werden, wenn alte Deutungsmuster widerlegt sind oder neue Muster schlüssigere Erklärungen liefern. Geschlecht kann nicht ausschließlich mit biologischen Kategorien erfasst werden. Daher braucht es in der Forschung darüber auch die Geistes- und Sozialwissenschaften. Es braucht einen interdisziplinären Blick auf Geschlecht. Dennoch wird in der Berichterstattung über Vollbrecht und ihren abgesagten Vortrag teilweise so getan, als gäbe es eine Hierarchie zwischen Natur- und Geisteswissenschaften.[57] Vollbrechts Vorgeschichte und ihre transfeindlichen Tweets aus der Vergangenheit werden kaum eingeordnet. Auch ihr Status als Wissenschaftlerin, die zu diesem Zeitpunkt ihre Promotion noch nicht abgeschlossen und noch keine wissenschaftlichen Artikel zum Thema publiziert hat, wird kaum infrage gestellt. Statt über transfeindliche Narrative aufzuklären oder Debatten über Wissenschaft und Neutralität anzustoßen, wird in der Berichterstattung um den verschobenen Vortrag teilweise der Eindruck erweckt, als stünde Marie-Luise Vollbrecht für die ehrwürdige, objektive und neutrale Wissenschaft (und deren Freiheit) ein, während die «transgender Aktivisten», die Gender Studies, einige Geistes- und Sozialwissenschaftler*innen und alle, die sich mit ihnen solidarisieren, sich für irgendeine ausgedachte Fantasiesache einsetzen, die niemand so richtig versteht und die keine ernstzunehmende wissenschaftliche Grundlage hat.[58]

Gerade wer sich mit Wissenschaftsfreiheit brüstet und sich tatsächlich für gute Forschung einsetzt, sollte wissen, dass es keine Hierarchie zwischen den Wissenschaften geben darf. Naturwissenschaften sind nicht wissenschaftlicher als Geisteswissenschaften und quantitative Forschung ist nicht besser als qualitative. Sie sind unterschiedlich. Aber sie sind beide wichtig. Und wenn sie sich zusammentun, kommen wir so etwas wie Wahrheit wohl am nächsten – und dabei sind es meistens Geistes- und Sozialwissenschaftler*innen, die rechtsradikale und reaktionäre Allianzen analysieren, gesellschaftliche Schieflagen unter die Lupe nehmen und menschenfeindliche Ressentiments als solche entlarven.

ACHT

Es war einmal die «Cancel Culture»

Marie-Luise Vollbrecht betont auf Twitter und in Interviews immer wieder, dass sie «klassisch links sozialisiert»[1] sei. Aber – und das scheint ihr sehr wichtig zu sein – nicht *woke*! «LinksNotWoke» steht – gleich neben «Meowgender» – in ihrem Twitter-Profil.[2] Eine Wissenschaftlerin, die sich explizit als «nicht woke» bezeichnet, müsste eigentlich wissen, worauf sie sich damit bezieht, wen sie damit anspricht und dass diese Aussage alles andere als «neutral», «unpolitisch» oder «links» ist.

«Anti-woke» ist ein Sammelbecken für Konservative, Rechtsextreme, Evangelikale und andere Rechte in den USA, die meinen, es gebe eine linke Meinungsdiktatur, und auch in Deutschland ersetzt der Begriff «woke» mittlerweile das, wofür vorher «Political Correctness», «Social Justice Warriors», «Gutmenschen» und «Special Snowflakes» herhalten mussten. Gegen diese vermeintlichen Gefahren schreiben Rechtspopulist*innen, rechte Trolle, konservative Publizist*innen, Identitäre und andere rechte Akteure schon eine ganze Weile fleißig an. Mittlerweile sind jedoch nicht mehr zwangsläufig «Special Snowflakes» und «Social Justice Warrior» der Feind, sondern «woke» Aktivist*innen, die angeblich eine Meinungsdiktatur durchsetzen wollen.

Ursprünglich diente die Aussage «Stay woke» in Schwarzen Communities in den USA dazu, einander vor rassistischer (Polizei-)Gewalt zu warnen. To «stay woke» war und ist für Schwarze Menschen in vielen Gesellschaften dieser Welt bei all der rassistischen Gewalt, die *weiße* Menschen nach wie vor ausüben, schlicht überlebenswichtig.[3] Durch die Black-Lives-Matter-Bewegung wurde der Begriff bekannter, sickerte in den Mainstream und avancierte dann in kurzer Zeit zu einem Wort für alles, was diskriminierungskritisch oder progressiv ist, und wurde dann von Rechten und Konservativen gekapert. So wie das Wort *woke* heute genutzt wird, bezieht es sich nicht mehr auf das Überlebenmüssen Schwarzer Menschen in einer *weißen* Dominanzgesellschaft, sondern ist zu einer Worthülse geworden, mit der Konservative und Rechte alles Progressive, Linke oder Diskriminierungskritische – also alles, was sie verabscheuen – als Ideologie und Gefahr für die Meinungs- oder Wissenschaftsfreiheit diskreditieren.

Wir kennen es von der Aufklärung über sexuelle und geschlechtliche Vielfalt und vom Einsetzen für eine diskriminierungssensible Sprache: Der Kampf für soziale Gerechtigkeit und eine diskriminierungsärmere Gesellschaft wird von «anti-woken» Publizist*innen und Politiker*innen häufig als gefährliche Ideologie dargestellt, vor der gewarnt werden muss. Während Diskussionen über Sexismus, Geschlechtsidentitäten, diskriminierende Sprache, Antisemitismus, strukturellen Rassismus und Polizeigewalt, Kolonialismus und den dazugehörigen Aufholbedarf in Geschichtsbüchern, der Erinnerungskultur und im öffentlichen Raum lauter werden, Sprache sich verändert, Ungerechtigkeiten thematisiert und einige überholte Gesetze abgeschafft werden sollen, formiert sich auch der Widerstand dagegen. Rechte Trolle, Verschwörungsideolog*innen und teilweise auch Publizist*innen und Politiker*innen behaupten, *woke* Aktivist*innen würden – Hand in Hand mit den Öffentlich-Rechtlichen und der Bundesregierung – eine linke Zensur oder Diktatur planen oder Menschen mit anderer Meinung «canceln». Einige meinen gar, wir lebten bereits in einer linken Meinungsdiktatur oder *Cancel Culture*.

Dabei steht die Relevanz der Ereignisse, um die es in der Cancel-Culture-Debatte häufig geht, in keinem Verhältnis zu ihren tatsächlichen Auswirkungen auf diejenigen, die über Cancel Culture klagen – geschweige denn auf «unsere Gesellschaft». Laut Adrian Daub hat die Rede von der Cancel Culture vor allem eine aufmerksamkeitsökonomische Funktion:

> Sie [die Rede von der Cancel Culture] erheischt und kanalisiert Aufmerksamkeit. [...] Wenn wir irgendeine Nichtigkeit mit ihr in Verbindung bringen, ist diese Nichtigkeit plötzlich relevant. Ein lokaler, oft mikroskopisch kleiner Kontext wird fast wie durch Zauber entgrenzt und Vorgänge in irgendeiner Twitter-Nische, an irgendeiner Uni, bei irgendeinem Verlag, von dem bis dato weder der Autor eines Beitrags noch seine Leser:in-

nen je gehört haben, werden mit einem Mal als bedrohlich für «die» Gesellschaft empfunden.[4]

Oft heißt es in der Diskussion, die Cancel Culture wolle streitbare Intellektuelle oder Comedians mundtot machen und verhindere offene Debatten, weil Menschen aus Angst, Fehler zu machen, lieber gar nichts mehr sagen würden. Doch ist dann nicht eher unser Umgang mit Fehlern und ein Mangel an kritischer Selbstreflexion das Problem und nicht eine angebliche Cancel Culture? In Wirklichkeit könnten wir das, was manche Menschen als Cancel Culture bezeichnen, auch den Ausdruck gesellschaftlichen Fortschritts nennen oder den Versuch, sich von Dingen, die diskriminierend und veraltet sind, zu verabschieden und durch neue Begriffe und Praktiken zu ersetzen.

Doch weil das ja unbequem sein könnte, gibt es jetzt die Cancel Culture: Sie ist ein Platzhalter, auf den Menschen sich immer dann beziehen können, wenn sie etwas Diskriminierendes gesagt oder getan haben. So müssen sie sich mit den unangenehmen Gefühlen, die damit einhergehen, dem Eingestehen, den dazugehörigen Diskussionen und der Arbeit, die darauf folgt, nicht auseinandersetzen. Das funktioniert dann ungefähr so:

Vor dem Stadttheater wird gegen Blackfacing
demonstriert?
Cancel Culture!

Paprikasoße heißt jetzt Paprikasoße und nicht mehr
so wie früher? Cancel Culture!

Wie?! Schwul ist gar kein Schimpfwort?
Da muss die Cancel Culture hinterstecken!

Ich darf das N-Wort nicht mehr sagen?
Cancel Culture!

Jemand weist mich darauf hin, dass ich mich an Karneval vielleicht nicht als «Mexikaner», «Chinese» oder «sexy Geisha» verkleiden sollte, weil das rassistisch ist?
Cancel Culture!

Ich verliere meinen Job, weil ich am Arbeitsplatz Frauen bedrängt habe?
Cancel Culture!

Praktisch! An allem, was ich falsch machen kann, ist plötzlich die Cancel Culture schuld. Wer die Cancel Culture als Argument entdeckt hat, muss nichts umlernen. Solange ich sie für die eigenen Fehler verantwortlich machen kann, muss ich mich nicht verändern. Ich muss mich nicht hinterfragen oder entschuldigen – oder mal meine Perspektive ins Verhältnis setzen –, sondern kann einfach alles so lassen, wie es ist, und mich über «die anderen» und ihre Cancel Culture aufregen.

Oft ist es die Angst, etwas falsch zu machen, und eine mangelnde Fehlerkultur, die Menschen davon abhält, sich mit geschlechtlicher Vielfalt auseinanderzusetzen und zum Beispiel das eigene Sprechen zu verändern. Manchmal ist es aber auch schlicht Ignoranz, offene Ablehnung oder stumpfe Trans- oder Queerfeindlichkeit. Dass Menschen lernresistent, empathielos und intolerant sein können, möchte ich an dieser Stelle nicht unerwähnt lassen.

Viele Menschen fühlen sich durch geschlechtergerechte Sprache, Maskenpflicht und Forderungen nach diskriminierungssensibleren Strukturen eingeschränkt. Sie fühlen sich bedroht und meinen, sich selbst und *ihre Freiheit* verteidigen zu müssen. Das tun sie häufig auf eine Weise, die libertäre und autoritäre Elemente vereint:

> Ein spätmodernes Gefühl der Ohnmacht, das wir als *gekränkte Freiheit* beschreiben, treibt sie an. Ob sie gegen eine imaginäre Diktatur auf die Straße gehen, ob sie ihren Hang zum Verschwörungsdenken ausleben oder ihr Ressentiment gegen Minderheiten – immer sind *sie* es, die die Zumutungen der Spätmoderne durchschaut haben. Ihre Energie erschöpft sich praktisch nie, sie sehen sich als Freiheitskämpfer:innen oder als Avantgarde eines neuen Grundsatzkonfliktes.[5]

Die Soziolog*innen Carolin Amlinger und Oliver Nachtwey beschreiben diesen *libertären Autoritarismus* als Nebenfolge spätmoderner Gesellschaften und als «Symptom einer individualistischen Freiheitsidee, in der gesellschaftliche Abhängigkeiten abgewehrt werden».[6] Freiheit sei in dieser Perspektive «kein geteilter gesellschaftlicher Zustand, sondern ein persönlicher Besitzstand».[7] Laut Amlinger und Nachtwey begünstigen gesellschaftliche Missstände die Neuauflage eines autoritaristischen Denkens, in dem Menschen Frustrationserfahrungen, die sie in spätmodernen Gesellschaften sammeln, unter anderem auf Minderheiten projizieren.

Auch auf die Frage, wieso sich in der Cancel-Culture-Fraktion so viele Intellektuelle tummeln, liefern Amlinger und Nachtwey eine plausible Antwort: Der Intellektuelle – vor allem in Form des etablierten «alten weißen Mannes» – steckt in der Krise. Er, dessen Rolle einst darin bestand, soziale Strukturen zu durchschauen, zu kritisieren und «den Ungehörten»[8] eine Stimme zu geben, hat seine Sonderstellung verloren:

> Die Unterdrückten, die ausgeschlossenen Minderheiten, erheben selbst das Wort. Sie führen das Besserwissen des Intellektuellen mitsamt seinem universellen Vernunftanspruch als Teil einer Machtordnung vor. Dadurch büßen gerade jene Milieus ihre symbolische Macht ein, die sich über ihr Besser-wissen-Können positioniert haben – und halten darum umso verbissener an diesem Anspruch fest.[9]

Sind Jan Fleischhauer, Alice Schwarzer und Harald Martenstein vielleicht einfach nur gekränkt, dass Frauen, queere Menschen und von Rassismus betroffene Personen heute für sich selbst sprechen wollen – und *können*? Possible.

Fest steht: Die Cancel Culture scheint vor allem *weiße* cis Männer in Machtpositionen zu bedrohen. Zumindest sind die populärsten «Opfer» der Cancel Culture allesamt männlich, *weiß* und ziemlich mächtig: Der ehemalige britische Premierminister Boris Johnson kündigte 2021 an, ein Gesetz gegen Cancel Culture zu verabschieden,[10] Donald

Trump hat mit *Truth Social* ein eigenes soziales Netzwerk gegen Cancel Culture gegründet,[11] und Wladimir Putin ist nicht etwa ein Autokrat oder autoritärer Herrscher, sondern laut Eigenaussage ebenfalls ein Opfer der Cancel Culture. Der Cancel Culture des Westens nämlich – genau wie J.K. Rowling eines sei. Das zumindest behauptete Putin, kurz nachdem er den Angriffskrieg in der Ukraine begann.[12]

> Sie haben Joanne Rowling – die Kinderbuchautorin, deren Bücher auf der ganzen Welt veröffentlicht werden – kürzlich gecancelt [...]. Jetzt versuchen sie, unser Land zu canceln. Ich rede von Diskriminierung von allem, was mit Russland zu tun hat.[13]

In Deutschland ist neben Julian Reichelt, der 2021 aus dem Springer-Haus entlassen wurde, nachdem ihm Machtmissbrauch vorgeworfen worden war,[14] Friedrich Merz, der 1997 noch im Bundestag gegen die Aufnahme der Vergewaltigung in der Ehe als eigener Straftatbestand ins Strafgesetzbuch stimmte,[15] heute einer derjenigen, die in Deutschland am lautesten über eine angebliche Cancel Culture klagen. *Komisch.*

Auch als Marie-Luise Vollbrechts Vortrag verschoben wird, werden die Medienberichte über eine angebliche Cancel Culture wieder laut. Da ist er endlich, der Beweis. Es gibt sie nämlich doch, diese Cancel Culture – auch in Deutschland! Dabei wurde ihr Vortrag gar nicht abgesagt, sondern verschoben und auch auf vielen anderen Ebenen wurde Marie-Luise Vollbrecht alles andere als *gecancelt*: Sie wurde in zahlreichen Medien interviewt, veröffentlichte einen Gastbeitrag in der *ZEIT*, es wurde überregional über sie und ihren Vortrag berichtet, ihr Vortrag wurde auf YouTube mehr als 100 000-mal angesehen, und sie holte ihn wenig später in der Humboldt-Universität nach. Etablierte Medien, die Vollbrecht kurz nach der *Langen Nacht der Wissenschaften* eine Bühne boten, berichten zwar wenig später bereits zu großen Teilen nicht mehr darüber, distanzieren sich aber auch dann nicht von ihr, als längst klar ist, in welcher Sprache und Aggressivität sie online gegen trans Menschen hetzte.[16] Das, was mit Marie-Luise Vollbrecht passiert, ist nicht der Ausdruck einer Cancel Culture, sondern der Ausdruck von Meinungsfreiheit. Sie erfährt Unterstützung, sie wird kritisiert, und sie muss die Konsequenzen tragen für das, was sie in ihrem Artikel und auf ihrem Twitter-Account veröffentlicht hat.

Es ist ganz einfach und doch eigentlich auch sehr klar: Wenn ich mit meiner Forschung, meinem Film, meiner Kunst, meinem Buch, einem Vortrag oder meiner persönlichen Meinung an die Öffentlichkeit trete, muss ich damit rechnen, dass ich kritisiert werde. Wenn ich als Journalist arbeite und auf meinem Twitter-Profil «privat» misogyne Witze poste, muss ich damit rechnen, dass ich dafür kritisiert werde und dass daraus auch berufliche Konsequenzen folgen. Wenn ich Erzieher*in bin und mich im Internet «privat» über Rollstuhlnutzende lustig mache, muss ich damit rechnen, dass Menschen ihre Kinder nicht mehr von mir betreuen lassen möchten. Wenn ich Polizist*in bin und mich «privat» an rechtsextremen Chatgruppen beteilige, muss ich damit rechnen, dass ich meinen Job verliere (okay, in Deutschland vielleicht nicht, aber das ist eine andere Geschichte). Und wenn ich Biologin bin und mich «privat» transfeindlich äußere, muss ich damit rechnen, dass daraus Konsequenzen folgen. Gerade wenn ich mit einem Vortrag über Zweigeschlechtlichkeit an die Öffentlichkeit trete und mir angebliche Wissenschafts- und Meinungsfreiheit so wichtig ist, wie Vollbrecht behauptet.[17]

Doch Vollbrecht interpretiert die Kritik als Verleumdung, die ihre wissenschaftliche Karriere gefährdet. Wenige Tage nach der *Langen Nacht der Wissenschaften* startet sie eine Crowdfunding-Kampagne, um ihre Kritiker*innen – oder in Vollbrechts Worten: Verbreiter*innen einer «öffentlichen Rufmord-Kampagne» – mithilfe einer Anwaltskanzlei abzumahnen. Bis Dezember 2022 sammelt sie rund 100 000 Euro für «Rechtshilfe» auf *gofundme* ein. Ob das in einer Cancel Culture möglich wäre? «Wissenschaftler sollten keine Angst davor haben, die Wahrheit auszusprechen, weil sie sonst befürchten müssen, das Ziel von Belästigungen und einer Rufmord-Kampagne zu werden»,[18] heißt es in der Beschreibung ihrer Crowdfunding-Kampagne, in der sie erneut einen Bezug zur Wissenschaftsfreiheit herstellt. Doch ist die in Deutschland eigentlich bedroht? Laut dem aktuellen *Academic Freedom Index* absolut nicht: Dort lag Deutschland in puncto Wissenschaftsfreiheit 2022 auf Platz 1 weltweit.[19]

Unter der Crowdfunding-Kampagne sammeln sich derweil Kommentare von Menschen, die sich trotzdem ziemlich bedroht fühlen – und von denen einige mit Wissenschaft und der Forschung über Geschlecht nicht besonders viel zu tun zu haben scheinen. Einige Kommentare unter

Vollbrechts Spendenaufruf lesen sich eher wie ein Telegramchat von Verschwörungsideolog*innen als von Verfechter*innen der Wissenschaftsfreiheit:

> Für eine Kampagne gegen den neuen woken Rassismus, der schleichend in einen gesellschaftlich getragenen neuen Faschismus übergeht. Meine Familie ist in der Diktatur gross geworden. Ich kriege jedes Mal Gänsehaut, wenn ich lese was ist (sic!) Deutschland los ist. Ich hoffe, dass sie durch das Funding wieder mehr Zeit für ihre wissentliche Arbeit finden. Lassen Sie sich nicht unterkriegen! Liebe Grüsse aus Zürich.[20]

> Es muss einen Ausgleich für die geben, denen Ideologen einer «schönen neuen Welt» den Mund verbieten wollen. Diese Ideologen scheinen über reichlich Geldmittel, mutmaßlich auch durch Steuergelder finanziert, zu verfügen. Und wenn kein Widerstand kommt, wird das wohl nichts mehr mit der Redefreiheit in diesem Land.[21]

> Es gibt nur zwei biologische Geschlechter! Das sage ich auch als Bruder eines Mannes, der schwul war – und trotzdem ein Mann. Er hat einfach Männer geliebt. [22]

Die Anwaltskanzlei, die Vollbrecht von den Spenden dieser Menschen bezahlt, ist die des Medienanwalts Ralf Höcker, der es als seine Aufgabe versteht, Journalist*innen «auf die Finger zu hauen».[23] Der ehemalige Präsident des Bundesamts für Verfassungsschutz Hans-Georg Maaßen, dem unter anderem eine Nähe zur AfD und die Verhinderung der Aufklärung der NSU-Morde vorgeworfen wird, arbeitete von 2019 bis 2021 für die Kanzlei[24] und Höcker selbst war bis 2020 CDU-Mitglied und Pressesprecher der Werteunion – eines besonders konservativen Ablegers der CDU. Seine Kanzlei vertrat unter anderem Alice Weidel, Frauke Petry, Recep Tayyip Erdoğan,[25] Papst Benedikt[26] und das Erzbistum Köln. Wieso genau entscheidet sich eine angeblich linke Feministin, die sich nach Eigenaussage für Frauenschutz und Kinderrechte einsetzt, für eine Kanzlei, die öffentlichkeitswirksam auch rechte Politiker*innen und mächtige Institutionen verteidigt, denen Missbrauch oder Vergewaltigung vorgeworfen wird?

Während Vollbrecht per Crowdfunding 105 000 Euro[27] einsammelt, um rechtliche Schritte gegen ihre Kritiker*innen einzuleiten, haben es sich trans- und queerfeindliche Narrative im Namen einer angeblichen Wissenschaftsfreiheit in vielen großen Medien und in den Köpfen zahlreicher Leser*innen bequem gemacht. Und da bleiben sie jetzt wohl erst einmal. Auch die Erzählungen von einer Translobby, den ideologieanfälligen Geistes- und Sozialwissenschaften und den aggressiven trans Aktivist*innen, die alle Hand in Hand mit der *Cancel Culture* die Wissenschafts- und Meinungsfreiheit bedrohen, haben sich vermutlich in einigen Köpfen festgesetzt. Umso wichtiger ist jetzt, dass mehr Menschen in der Lage sind, trans- und queerfeindliche Taktiken und Narrative zu erkennen und Desinformationen mit Fakten zu begegnen.

Obwohl die Wissenschaftsfreiheit in Deutschland derzeit wirklich nicht gefährdet ist, fühlen sich viele Menschen mit akademischen Titeln eingeschränkt oder bedroht. So schlossen sich 2020 über 700 promovierte Wissenschaftler*innen zum *Netzwerk Wissenschaftsfreiheit* zusammen, das die Wissenschaftsfreiheit laut Eigenaussage gegen – ihrer Einschätzung nach – ideologische Einschränkungen verteidigen möchte:

> Wir sind ein Zusammenschluss von Wissenschaftlerinnen und Wissenschaftlern, die sich für ein freiheitliches Wissenschaftsklima einsetzen. Darunter verstehen wir eine plurale, von Sachargumenten und gegenseitigem Respekt geprägte Debattenkultur und ein institutionelles Umfeld, in dem niemand aus Furcht vor sozialen und beruflichen Kosten Forschungsfragen und Debattenbeiträge meidet. Wir widersetzen uns allen Bestrebungen, die Freiheit von Forschung und Lehre aus ideologischen Motiven einzuschränken.[28]

Unter anderem gibt das Netzwerk auch den Fall Marie-Luise Vollbrecht auf ihrer Website als Beispiel für einen Angriff auf die Wissenschaftsfreiheit an.[29]

Die Selbstbeschreibung des Netzwerks auf der eigenen Website klingt erst mal harmlos und unterstützenswert. Doch unter den über 700 Mitgliedern des Netzwerks sind nicht nur moderate Konservative, sondern auch umstrittene Personen, wie der Politikwissenschaftler Martin Wagener, der – bis der BND ihm 2021 wegen Verdachts auf extremistische Ansichten Hausverbot erteilte – dafür zuständig war, angehende Geheimdienstler*innen in Sicherheitsfragen auszubilden.[30] Martin Wagener stellte in seinem Buch *Kulturkampf um das Volk – Der Verfassungsschutz* *und die nationale Identität der Deutschen* die These auf, die Bundesregierung wolle das deutsche Volk in eine multikulturelle Gesellschaft umformen,[31] und hatte in seinem anderen Buch *Deutschlands unsichere Grenze – Plädoyer für einen neuen Schutzwall* vorgeschlagen, eine Betonmauer um Deutschland zu errichten, um Migrant*innen abzuwehren.[32] Er selbst sieht sich als Opfer einer Intrige.[33] Das Netzwerk Wissenschaftsfreiheit erklärt in einer öffentlichen Stellungnahme, der Entzug des Sicherheitsbescheids von Wagener durch den BND, mit dem er auch seinen Lehrauftrag verlor, stelle einen «rechtswidrigen Eingriff in die Freiheit der Forschung und der Lehre dar»,[34] und bietet ihm im Rahmen eines Workshops zum Thema «Was ist ein Volk?» eine Debatte mit weiteren Netzwerkmitgliedern an.[35] Von Cancel Culture keine Spur.

Erste Vorsitzende des Netzwerks ist die Migrationsforscherin Sandra Kostner, die sich «gegen Identitätspolitik und Cancel Culture»[36] engagiert und Bücher und Artikel mit Titeln wie *Identitätslinke Läuterungsagenda. Eine Debatte zu ihren Folgen für Migrationsgesellschaften* oder *Linke Identitätspolitik verhindert kontroverse Debatten in Politik und Wissenschaft* schreibt. Weitere Mitglieder des Netzwerks sind unter anderem Uwe Steinhoff und Alexander Korte aus dem *WELT*-Artikel, der umstrittene Althistoriker Egon Flaig[37] und Andreas Rödder, CDU-Mitglied und Leiter der konservativen Denkfabrik R21.[38]

Und die sollen unpolitisch sein? I doubt it.

Wer tatsächlich eine Bedrohung für die Wissenschafts- und Meinungsfreiheit oder unsere Demokratie darstellt, ist heute gar nicht mehr so leicht zu erkennen, und innerhalb der letzten Jahre sind Verschwörungsideologien, rechte Erzählungen und menschenverachtende Ansichten immer weiter in den Mainstream gerückt. Und *das* ist tatsächlich eine Bedrohung. Viele Menschen haben schließlich Ehrfurcht vor Universitäten, Wissenschaftler*innen und akademischen Titeln und vertrauen Wissenschaftler*innen erst einmal, vor allem wenn sie behaupten, «unpolitisch» und «neutral» für Wissenschaftsfreiheit einzutreten.

«Das wird man ja wohl noch sagen dürfen» war zwar schon vor der Pandemie ein beliebtes Motto der deutschen Dominanzgesellschaft, wenn es um die Diskriminierung marginalisierter Gruppen und das Verbreiten rechter Narrative ging, doch Impfgegner*innen, Reichsbürger*innen und andere Verschwörungsideolog*innen haben diese Entwicklung in der Coronapandemie seit 2020 noch einmal beschleunigt: Verschwörungsideologien, Desinformationen und als Fakten getarnte Meinungen gehören 2022 längst zum Alltag und Querdenker*innen, Rechtspopulisten, unregulierte Plattformen, rechte Telegram-Gruppen und Boomer auf WhatsApp ohne Medienkompetenz tun ihr Übriges, damit das auch so bleibt. Klingt vielleicht fies, ist aber wahr: Mit steigendem Alter sinkt die Medienkompetenz,[39] und je niedriger die ist, desto höher ist die Anfälligkeit für Verschwörungsideologien und Desinformationen.[40]

Die Realität ist kompliziert, das Internet steckt voller Fakes, und um zu erkennen, welche Sprachnachricht, welches Video, welche Schlagzeile wirklich echt ist, muss ich heute Akteur*innen und deren Geschichte auf dem Schirm haben, Medien einordnen können, viele Namen und Begriffe kennen, Netzwerke und Verbindungen erkennen. Auch unseriöse Websites und Videos können durch Design und Sprache Seriosität imitieren, ich muss in der Lage sein, herauszufinden, ob eine Quelle vertrauenswürdig ist, und wissen, wann ich skeptisch werden sollte. Das ist ziemlich voraussetzungsreich und wird immer wichtiger in Zeiten, in denen Verschwörungsideolog*innen und andere Akteur*innen Anlässe wie einen verschobenen Vortrag an der HU oder die Ankündigung des Selbstbestimmungsgesetzes nutzen, um Desinformationen zu verbreiten und Ängste zu schüren.

Statt darüber zu diskutieren, wie wir in einer pluralen Gesellschaft miteinander umgehen möchten und wie wir gesellschaftlichen Fortschritt gemeinsam gestalten können, setzen rechte Allianzen ihre Akzente so, dass nichtbinäre und trans Personen wie Bedrohungen wirken, die aggressiv für eine Ideologie werben, Propaganda verbreiten und unschuldige Wissenschaftler*innen mundtot machen, damit sie cis Menschen und deren Kinder umerziehen oder belästigen können. Dabei ist das Gegenteil der Fall: Die meisten trans Menschen wollen einfach nur in Ruhe gelassen werden. Und die Bedrohung kommt von rechts.

NEUN

Raus aus dem Sprachkorsett

Besonders sichtbar wird das Korsett der Zweigeschlechtlichkeit in unserer Sprache. Für nicht-binäre Personen ist unsere Sprache in vielerlei Hinsicht eine Fehlkonstruktion: Ich bin nicht in erster Linie Kind, Geschwister oder Elternteil, sondern Tochter oder Sohn, Bruder oder Schwester, Vater oder Mutter, Oma oder Opa, Tante oder Onkel, Nichte oder Neffe. Ich bin nicht in erster Linie Mensch oder Person, sondern Junge, Mädchen, Mann oder Frau. Sprechen wir über andere Menschen in der dritten Person, sagen wir entweder «er» oder «sie», «die» oder «der». Eine neutrale Variante existiert zwar, doch «es» wird im Deutschen eher mit Gegenständen oder Tieren assoziiert und fühlt sich für viele als Pronomen für Menschen unpassend und abwertend an. Eine wirkliche Alternative zu «er» oder «sie» haben wir also nicht, wenn wir einer Person, die wir nicht kennen, kein Geschlecht unterstellen möchten oder wenn die Person nicht-binär ist. Wir können einen Umweg gehen und «die Person» sagen oder ihren Namen nennen, doch es gibt im Deutschen kein offizielles Pendant zum geschlechtsneutralen singulären «they», das im Englischen für nicht-binäre Personen oder Menschen, deren Geschlecht nicht bekannt ist, gängig ist.

Auch unsere Anreden sind binär gegendert. Sobald ich einen Brief, eine Mail, eine Rechnung oder Mahnung bekomme oder in der Arztpraxis aufgerufen werde, werde ich automatisch zu «Herr» oder «Frau» und auch in offiziellen Schreiben, Eingabemasken bei Bestellformularen, Coronatestzentren, Ämtern oder Internet-Profilen muss ich mich ständig als «Herr» oder «Frau» einordnen. Wozu haben wir eigentlich Vornamen? Warum muss in Briefköpfen und Adressen immer noch «Herr» oder «Frau» angegeben werden? Und wieso sagen oder schreiben wir nicht einfach «Guten Tag Vorname Nachname» statt «Sehr geehrter Herr Nachname»?

Es ist unsere Sprache, die uns immer wieder abverlangt, uns ins binäre System einzureihen, anderen Menschen ein Geschlecht zu unterstellen und uns einem Entweder-oder-System anzupassen, das eigentlich gar keinen Platz für uns hat. Unsere Sprache zwingt uns ständig, uns zur Zweigeschlechternorm zu verhalten. Für viele nicht-binäre Menschen ist Sprache immer ein Krampf, und ich glaube, den wenigsten Menschen ist bewusst, *wie* anstrengend die deutsche Sprache für nicht-binäre Personen tatsächlich ist. Wir existieren sprachlich nämlich gar nicht, und wenn wir uns eine sprachliche Existenz erarbeiten wollen, müssen wir ständig auffallen, andere korrigieren und immer wieder darauf hinweisen, dass wir nicht männlich oder weiblich, sondern nicht-binär sind. Damit riskieren wir auch jedes Mal aufs Neue, ausgelacht, nicht ernst genommen, für pedantisch oder übertrieben korrekt gehalten zu werden. Nicht die Sprache wird dann für unzulänglich erklärt, sondern es heißt, nicht-binäre Personen seien wahlweise kleinkarierte Spaßbremsen oder aufmerksamkeitsgeile Nervensägen, die sich selbst und ihr *Fantasiegeschlecht* ständig in den Mittelpunkt stellen müssen.

Weil unser Geschlecht weder sprachlich noch rechtlich tatsächlich existiert, müssen wir uns wieder und wieder erklären, uns dafür rechtfertigen und werden dabei nicht immer ernst genommen. Es gehört sehr viel Selbstsicherheit, Energie und Nervenstärke dazu, in unserer Gesellschaft als nicht-binäre Person (sprachlich) sichtbar zu werden, und nicht jeder Raum, nicht jede*r Gesprächspartner*in, nicht jeder Dialog ist für nicht-binäre Personen sicher. Nicht wenige nicht-binäre Menschen passen sich daher in vielen Situationen an und nutzen binäre Pronomen, schweigen das Unwohlsein weg, wenn mal wieder jemand misgendert. Ich bin in dieser Disziplin ein ziemlicher Profi und nutze bis heute in vielen Kontexten sie-Pronomen, weil ich nicht ständig auffallen möchte, niemanden stressen, überfordern oder in unangenehme Situationen bringen und nicht ständig Gespräche unterbrechen, nicht dauernd über Geschlecht sprechen und nicht ständig Aufmerksamkeit auf mich ziehen will. Außerdem ist meine Geschlechtsidentität ein ziemlich intimes Thema, über das ich nicht mit jeder Person sprechen möchte.[*] Dabei weiß ich ebenfalls seit Jahren, dass sich nichts ändern wird, wenn ich nicke, lächle und so tue, als wären binäre Pronomen «schon okay»,

[*] Jetzt hab ich ein Buch darüber geschrieben. Upps ...

während es in mir brodelt, quietscht und rattert. Wenn wir es mal ganz stark runterbrechen, ist es, als würde unsere Sprache uns ständig fragen, ob wir männlich oder weiblich sind. Und ehrlich gesagt ist das alles andere als okay. Es ist die gleiche Frage, die viele von uns im Kindergarten traumatisierte: «Junge oder Mädchen?»

Unsere Sprache limitiert, wer wir tatsächlich sein können. Und sie verweist uns immer wieder zurück auf unsere Plätze: Herr oder Frau, er oder sie, entweder oder. Manchen Menschen fällt das gar nicht auf, für andere ist es sehr offensichtlich, anstrengend und kräftezehrend. Weil sie selbst nicht-binär, genderqueer oder trans sind, Nicht-Binarität sichtbar machen oder sprach- und gendersensibel handeln, also darauf hinweisen möchten, dass unsere Sprache binär, ausschließend und unvollständig ist. Auch nicht-binäre Menschen haben keine Lust, ständig über Geschlecht zu reden, doch in unserer binär organisierten Welt und unserer binären Sprache sind wir schlicht dazu gezwungen, wenn wir korrekt angesprochen werden möchten – und wenn wir möchten, dass sich auch gesamtgesellschaftlich etwas ändert und wir nicht auf alle Ewigkeit im binären System gefangen bleiben. Nicht nicht-binäre und genderqueere Menschen sind obsessed mit Geschlecht, sondern unsere Gesellschaft und unsere Sprache strotzen nur so vor Zweigeschlechtlichkeit.

Übrigens ist die deutsche Sprache auch ohne Gendern schon holprig und auch ohne Gendern schon gegendert, und genau das ist das Merkwürdige an der Argumentation der Gegner*innen: Sie argumentieren oft, Gendern würde Zweigeschlechtlichkeit noch mehr betonen, als sie zu neutralisieren. Doch das ist schlicht falsch. Schließlich ist auch das generische Maskulinum eine Form des Genderns, und wir haben nicht wie beispielsweise im Englischen in erster Linie neutrale Formen wie *teacher, driver* oder *professor*, die für alle Geschlechter gleichermaßen gelten, oder ein allgemein anerkanntes nicht-binäres Pronomen wie *they,* das tatsächlich genderneutral ist, sondern eine bereits von vornherein binär gegenderte Sprache, die Frauen ausschließt und sich für nicht-binäre Menschen oft zu eng anfühlt. Das Pendant zum geschlechtsneutralen Wort im Englischen wäre absurderweise die gegenderte Version des Wortes auf Deutsch: Was auf Englisch für alle *teacher* heißt, wäre im Deutschen nicht Lehrer oder Lehrerin, sondern Lehrer*in. Eigentlich müsste es also nicht gendern, sondern entgendern heißen: Im Patriarchat ist die unsichtbare Norm männlich. Ziel sollte es sein, unsere Sprache vom Fokus auf die männliche Norm zu befreien. Das ist vielleicht erst mal verwirrend, umständlich, eine Umstellung. Wichtig ist es trotzdem, wenn wir den Anspruch haben, Frauen und nicht-binäre Personen sprachlich zu inkludieren und unsere Sprache, die uns ständig abverlangt, uns und andere zweigeschlechtlich zu verorten, zu entgendern.

Eine Welt mit neutralen Pronomen, in der niemand sich sprachlich verbiegen, sich für das eigene Sprechen oder die eigene Pronomenwahl rechtfertigen muss, liegt noch in weiter Ferne. In der Realität raubt die ständige Beschäftigung mit Sprache nicht-binären Menschen Kraft, die wir gut für andere Dinge gebrauchen könnten. Doch nicht in allen Sprachen ist gendersensibles Sprechen so kompliziert wie im Deutschen: Einige Sprachen – wie Indonesisch, Finnisch, Türkisch oder Japanisch – kommen ganz ohne geschlechtsspezifische Pronomen aus,[1] und im Englischen gibt es zwar geschlechtsspezifische Pronomen, aber kaum geschlechtsspezifische Subjekte. Das erleichtert das Sprechen über nicht-binäre, genderdiverse sowie Personen, deren Geschlecht ich nicht weiß. In anderen Sprachen, die ähnlich sperrig wie das Deutsche sind, wurde bereits nachgebessert und es wurden geschlechtsneutrale Pronomen eingeführt. Sogar in einer Uralt-Sprache wie Isländisch hat sich mit *hán* ein Pronomen für nicht-binäre Menschen innerhalb weniger Jahre durchgesetzt.[2] Auch Schweden hat mit *hen* seit 2015 ein geschlechtsneutrales Pronomen – und das wirkt sich laut einer Studie der US-amerikanischen Politikwissenschaftler*innen Margit Tavits und Efrén O. Pérez positiv auf die Wahrnehmung von Frauen und queeren Menschen aus.[3] In der Studie wurden knapp 3400 Personen in drei Gruppen eingeteilt, die dasselbe Bild einer geschlechtsneutralen Figur mit jeweils unterschiedlichen Pronomen beschreiben sollten – einer Gruppe wurde dabei das Pronomen *han* (er) zugeteilt, einer *hon* (sie) und einer *hen* (dey). Im Laufe der Studie sollten die Teilnehmenden Fragen zu queeren Themen beantworten, wurden gefragt, wie sie zur Ehe für alle stehen oder ein Parlamentsmitglied nennen. Dabei nannten diejenigen, die in der ersten Runde das neutrale Pronomen *hen* zugeteilt bekommen hatten, seltener cis Männer und äußerten sich in ihren Antworten insgesamt positiver über queere Menschen. Die Forschenden leiten daraus ab, dass geschlechtersensible Sprache unser Denken beeinflusst und wir nicht mehr so stark in traditionellen Geschlechterrollen denken, wenn wir geschlechtsneutrale Pronomen nutzen.[4] Psycholinguistische Studien wie diese, die Korrelationen zwischen Sprache und Denken erforschen, wurden bereits in den 1970er-Jahren durchgeführt. Damals ging es dabei noch um den Einfluss von gendergerechter Sprache in Job-Ausschreibungen auf cis Frauen.[5] Die bekannteste psycholinguistische Studie zu geschlechtergerechter Sprache ist wohl eine, die 2015 an der *Freien Universität* durchgeführt wurde. Sie ergab, dass weiblich sozialisierte Kinder Berufe, die in unserer Gesellschaft als typisch männlich gelten – wie etwa Automechaniker*in –, als eher erreichbar wahrnehmen, wenn sie nicht im generischen Maskulinum formuliert sind. Laut dieser Studie hat geschlechtergerechte Sprache einen Einfluss darauf, welche Berufe sich Kinder zutrauen.[6]

Psycholinguistischen Studien zufolge hat geschlechtergerechte Sprache also einen Einfluss auf unser Denken, unser Selbstbewusstsein, unsere Wahrnehmung von uns selbst und anderen. Doch nicht alle Menschen möchten unsere Sprache verändern und nicht alle Menschen halten psycholinguistische Studien für aussagekräftig: Im August 2022 veröffentlichte ein Zusammenschluss aus Sprachwissenschaftler*innen einen offenen Brief[7] gegen gegenderte Sprache in den öffentlich-rechtlichen Medien. Darin kritisierten sie, dass «an Stelle von sprachsystematischen und sprachlogischen Betrachtungsweisen zunehmend psycholinguistische Studien herangezogen werden, um Veränderungen des Sprachgebrauchs zu legitimieren». Ihrer Meinung nach liefern diese «keinen belastbaren Beleg dafür, dass generische Maskulina mental vorrangig ‹Bilder von Männern› erzeugen». Die Bewertung des generischen Maskulinums als diskriminierend sei auf wissenschaftlicher Basis nicht begründbar, heißt es dort weiter. Zusammengefasst sind die Autor*innen des offenen Briefes der Meinung, Gendern sei ein ideologisch motivierter Regelbruch, der den sozialen Frieden gefährde. So weit, so dramatisch.

Wieder versperren sich hier Wissenschaftler*innen gegen eine gesellschaftliche Veränderung und rücken dabei ihren Status als neutrale und unpolitische, sachlich einordnende Instanzen in den Vordergrund, während sie diejenigen, die sich für eine gendergerechte Sprache aussprechen, als ideologisch motiviert abtun. Doch sind sie wirklich so neutral? Die Autor*innen des offenen Briefes verweisen in den angegebenen Quellen neben Fachtexten auch auf zahlreiche Meinungsartikel, von denen einige in konservativen Medien wie der *NZZ* oder der *WELT*, aber auch in dem rechten und alles andere als unpolitischen Onlineportal *Achsedesguten* erschienen sind.[8] Meinungsartikel sind keine validen Belege für sprachwissenschaftliche Argumentationen und *Achsedesguten* ist eine fragwürdige Quelle für eine Gruppe von Wissenschaftler*innen, die dem «ideologisch motivierten Gendern» tatsächlich etwas aus «sprachwissenschaftlicher Perspektive» entgegensetzen möchte.

Wann immer jemand behauptet, «neutral», «rein wissenschaftlich» oder «unpolitisch» auf *gesellschaftliche Zustände* zu blicken, lohnt es, sich anzuschauen, wie diese Person sonst so organisiert ist – insbesondere wenn es um die rechtliche oder sprachliche Gleichstellung marginalisierter Menschen geht. Oft lässt sich die Behauptung auf diese Weise nämlich ziemlich schnell als Behauptung entlarven und feststellen, dass die Person eben doch politische Ziele verfolgt. Sprache ist politisch. Und auch dieser offene Brief ist politisch. Nur wird in diesem Fall der politische Einschlag – mal wieder – durch vermeintliche wissenschaftliche Neutralität verschleiert und offenbart sich erst, wenn ich einen genaueren Blick in die Literaturliste werfe, die ihm anhängt.

Ich kann Gendern nervig finden. Ich kann Gendern für unwichtig, unsinnig, kontraproduktiv oder übertrieben halten. Ich kann Gendern aus ästhetischen Gründen ablehnen. Ich kann Gendern kritisieren und Artikel darüber schreiben. Ich kann sagen, ich finde Gendern albern, und schaut mal hier, die Autor*innen im *Tagesspiegel*, in der *NZZ* und der *WELT* vertreten eine ähnliche Meinung. Ich kann gegen das Gendern argumentieren. Ich kann der Meinung sein, mit dem generischen Maskulinum seien Frauen und nicht-binäre Personen auch gemeint. Doch das bleibt, auch wenn ich Sprachwissenschaftler*in bin, so lange eine Meinung, bis ich meine Thesen wissenschaftlich belegen kann. Sonst kann ich mir die Erwähnung, dass ich Wissenschaftler*in bin, auch sparen.

Es gibt übrigens in der Tat ein ziemlich starkes Argument gegen das Gendern mit Sonderzeichen, doch genau das taucht in der Argumentation der Sprachwissenschaftler*innen nicht auf: Mit Sonderzeichen gegenderte Sprache ist derzeit nur schwer mit Barrierefreiheit vereinbar. Mit Sonderzeichen wie Asterisk, Unterstrich oder Doppelpunkt gegenderte Sprache bringt Screenreader durcheinander, die viele blinde und sehbehinderte Menschen nutzen, um Texte zu erfassen, und auch mit leichter oder einfacher Sprache ist mit Sonderzeichen gegenderte Sprache nicht gut kombinierbar. Außerdem kann der Gender-Doppelpunkt nur schwer in Blindenschrift dargestellt werden. Weil es noch keine klare Regelung zur gegenderten Sprache gibt, gendern unterschiedliche Absender*innen, Institutionen, Medien und Publizist*innen derzeit auch noch mit unterschiedlichen Zeichen. Sternchen, Doppelpunkt, Unterstrich und Binnen-I fungieren jedoch gleichzeitig auch als Satz- oder Sonderzeichen und Menschen, die auf Screenreader angewiesen sind, müssen sie daher ständig umstellen. In einer Studie der *Überwachungsstelle des Bundes für Barrierefreiheit von Informationstechnik* sprachen sich sechzig Prozent der blinden und sehbehinderten Befragten trotzdem für das Gendern mit Asterisk aus, den auch ich in diesem Buch nutze.[9] Der ist laut der Zielgruppenbefragung haptisch und taktil besser erkennbar als andere Genderzeichen.[10]

Barrierearmut und die Repräsentanz geschlechtlicher Vielfalt sollten sich nicht ausschließen. Neutrale Formulierungen wie Lehrende, Studierende, Forschende, Team statt Kolleg*innen sind barriereärmere Alternativen zum Gendern mit Sonderzeichen. Doch nicht jedes Wort in der deutschen Sprache kann ohne Sonderzeichen neutral umformuliert werden. Robert Sandberg vom Deutschen Blinden- und Sehbehindertenverband empfiehlt deshalb, ein offizielles neues Genderzeichen einzuführen, das für alle gilt und keine weitere orthografische Funktion erfüllt.[11]

Sprache schließt aus, Sprache diskriminiert, Sprache schafft Wirklichkeit und sie ist niemals neutral. Sprache ist immer auch der Ausdruck von Normen, Macht, damit zusammenhängenden Strukturen und Gewalt. In unserer Sprache zeigt sich, was uns wichtig ist, und darin, wie wir mit ihr umgehen, zeigt sich auch, wie wir miteinander umgehen möchten. Wen schließe ich mit meiner Sprache aus? Worüber mache ich Witze? Auf welche Wörter bestehe ich und warum? Muss ich ein Wort, das andere verletzt, unbedingt weiter verwenden, auch wenn von Rassismus betroffene Personen schon zigmal erklärt haben, dass dieses Wort diskriminierend ist? Wieso sind so wenige Menschen dazu bereit, Sprache zu verändern? Wieso wird Sprache so oft als starr und nicht als so gestalt- und wandelbar begriffen, wie sie eigentlich ist? Und wieso nehmen so viele Menschen es persönlich, wenn sie für ihr Sprechen kritisiert werden?

Gegenderte Sprache löst bei einigen Menschen starke Emotionen aus und ist nicht gerade beliebt. Ein Großteil der Deutschen hält Gendern laut Umfragen für nicht besonders wichtig[12] und/oder lehnt gegenderte Sprache sogar ab.[13] Die meisten Menschen in Deutschland fühlen sich von der Debatte ums Gendern nicht angesprochen. Sie finden das generische Maskulinum okay, es ist ihnen egal oder sie lehnen eine Veränderung ab. Viele möchten an der Sprache nichts ändern, weil sie es gewohnt sind, im generischen Maskulinum zu sprechen, sich (mit)gemeint fühlen, Unterstriche und Sternchen irritierend, holprig oder hässlich finden oder die Debatte um geschlechtergerechte Sprache als abgehoben oder lebensfremd empfinden. Gendern ist unbeliebt, umstritten und bei einigen Menschen regelrecht verhasst.

Abwehrreaktionen wie diese finden sich nicht nur beim Gendern, sondern auch, wann immer es Bestrebungen gibt, rassistische Wörter aus unserem Sprachgebrauch zu verbannen. Groß ist der Aufschrei bei vielen *weißen* Deutschen jedes Mal, wenn ein bestimmtes Produkt, das vorher einen rassistischen Namen trug, umbenannt wird oder rassistische Kinderbücher vom Markt genommen oder verändert werden. Trotzig heißt es dann: «Ich nenn das weiter so.» Oder: «Ich werde meinen Enkeln noch erzählen, wie das früher hieß.» Oft nehmen Menschen Empfehlungen, Vorschläge und neue Ideen als Verbote wahr und beginnen, mit aller Kraft etwas zu verteidigen, bei dem wirklich unklar ist, wie viel emotionaler Wert tatsächlich an der Geschichte hängt und wie viel davon pure Empörung darüber ist, dass «die anderen», die ja vorher immer so brav geschwiegen haben, jetzt scheinbar plötzlich auch mitreden dürfen. Privilegierte Menschen nehmen den Versuch, Sprache weniger gewaltvoll zu gestalten, häufig als Angriff auf ihre persönliche Freiheit wahr und fühlen sich eingeschränkt oder angegriffen, wenn sie verletzende oder diskriminierende Wörter durch andere ersetzen sollen (Stichwort Cancel Culture). Oft folgt dann eine Täter-Opfer-Umkehr, und Menschen sind der Meinung, ihnen würde etwas weggenommen oder verboten werden. Dabei drohen ihnen keinerlei Konsequenzen, sie werden nicht ausgeschlossen oder beleidigt, sondern lediglich auf etwas aufmerksam gemacht, das bisher Gewohnheit war und jetzt angepasst werden soll. Statt kurz innezuhalten, nachzudenken, vielleicht zu recherchieren und sich in die Perspektive der von Diskriminierung betroffenen Person hineinzuversetzen und einfach – und meistens ist es wirklich sehr einfach – ein anderes Wort zu benutzen, gehen privilegierte Personen häufig erst mal gleich in die Abwehr und reagieren aggressiv oder herablassend auf den Wunsch nach (sprachlicher) Veränderung.

Lann Hornscheidt bezeichnet das als strukturelle Sprachgewalt:

> Über die gesellschaftliche Annahme, dass sprachliche Benennungen nun wirklich nicht wichtig seien, wir sie nicht verändern müssten, wird Gewalt manifestiert und erhalten. [...] Das Runterspielen von Sprache als Handeln hält Macht aufrecht, redet Gewalt weg, schweigt sie tot und normalisiert so Diskriminierungsstrukturen.[14]

Sprache ist immer auch ein Ausdruck der Strukturen, in denen wir leben, und wenn die Strukturen, deren Teil wir alle sind und von denen einige von uns mehr profitieren als andere, kritisiert werden, neigen Menschen dazu, sich angegriffen zu fühlen und erst mal abzuwehren. Dabei tun sie häufig so, als seien die Bestrebungen, Sprache weniger diskriminierend und gewaltvoll zu gestalten, übertrieben, hypersensibel, akademisch oder abgehoben – und auch das ist ein Teil von struktureller Sprachgewalt: Zur strukturellen Gewalt gehört es laut Lann Hornscheidt auch, dass sprachliches Handeln «runtergespielt wird und Sprachgewalt als Thema lächerlich, unnötig und überkorrekt, also als political correctness abgetan wird».[15] Jede unkonventionelle Sprachänderung schaffe eine Grundlage für eine veränderte Vorstellung und verfüge daher auch über «das Potenzial eines großen sozialen Wandels.»[16] Nicht umsonst schließlich müsse jede diskriminierungskritische Sprachveränderung «öffentlich abgewertet werden; ist sie doch viel zu wichtig, als dass über sie hinweggegangen werden könnte [...]»,[17] schreibt Lann Hornscheidt.

Sprachliche Veränderungen passieren nicht durch Gesetze oder Regeln *von oben*, sondern wir sind diejenigen, die unsere Sprache verändern können. Rechtschreibregeln sind keine Naturgesetze und können geändert werden, wenn sie nicht mehr funktionieren. Sprachliche Systeme sind nicht starr, sondern wir können sie gestalten. Wenn wir wollen, dass unsere Sprache inklusiver, neutraler, repräsentativer und weniger binär wird, müssen wir alle zusammen daran basteln. Zu versuchen, Menschen, die in unserer Sprache bisher nicht berücksichtigt wurden, auch sprachlich zu erfassen, ist ein Zeichen von Respekt und Menschlichkeit – und dient am Ende auch cis Menschen. Schließlich bedeutet eine Befreiung aus einer strikten sprachlichen Zweigenderung für uns alle mehr Möglichkeiten – im Ausdruck, im Denken und in den Begegnungen mit anderen Menschen. Außerdem ist das Pronomenproblem ja nicht ausschließlich für nicht-binäre Menschen unangenehm, sondern für alle, die ungern schlechte Gefühle in anderen auslösen und ihre Mitmenschen gern respektvoll behandeln.

Viele Menschen möchten ihre Mitmenschen schließlich korrekt gendern, haben aber Angst davor, jemandem zu nahe zu treten oder Fehler zu machen. Sprach- und gendersensibel handeln bedeutet auch, sich selbst zu reflektieren, Unsicherheiten auszuhalten, Fehler zu machen, Kritik einzustecken und immer wieder gegen Wände zu laufen. Die Angst vor Fehlern ist nachvollziehbar, doch ohne Fehler keine neuen Umgangsweisen, und lieber Fehler machen als sprachlos bleiben. Wir alle sind mit dem generischen Maskulinum aufgewachsen, es hat viele von uns einen Großteil unseres Lebens begleitet, wurde uns beigebracht und eingetrichtert. Jahrzehntelang haben wir Bücher und Zeitungen im generischen Maskulinum gelesen, Nachrichten im generischen Maskulinum gehört und Klausuren im generischen Maskulinum geschrieben, und es kann gut sein, dass uns allen ab und zu statt der neutralen Variante mal ein «Freunde» oder «Lehrer» rausrutscht. Das ist allerdings kein Grund, nicht zu gendern, sondern ein Grund dafür, es erst recht zu tun. Es geht schließlich nicht darum, alles richtig zu machen, sondern unsere Sprache und Gewohnheiten, die über Jahrhunderte gewachsen sind, Stück für Stück so umzubauen, dass sie mehr Menschen einschließt.

Wenn wir gendersensibles Sprechen tatsächlich normalisieren wollen, müssen wir Fehler machen. Dabei können wir alle lernen, bewusster und präziser miteinander zu sprechen und nebenbei einen entspannteren Umgang mit Fehlern und Kritik üben. Das ist Arbeit und kann unangenehm sein, doch es ist auch eine Chance, die Welt mit ihren Normen, Regeln und Strukturen, denen wir alle tagtäglich ausgesetzt sind, mitzugestalten und langsam zu verändern. Wenn wir wollen, dass etwas in Bewegung kommt, müssen wir uns gemeinsam sprachlich verbiegen, bis es eine funktionierende Lösung gibt.

Es geht dabei nicht darum, die richtigen Pronomen auswendig zu lernen, sondern unser Denken und die Wahrnehmung voneinander zu verändern. Nur weil eine Person einen Körper und einen Namen hat, den ich weiblich lese, muss sie noch lange keine cis Frau sein. Wir gendern Menschen ständig und stecken sie damit permanent in Schubladen, von denen wir annehmen, dass sie passen. Doch die Auswahl an Schubladen ist sehr begrenzt und unsere Annahmen über andere sind nicht immer korrekt. Deswegen sind Pronomen so wichtig.

Wenn zu Beginn einer Konferenz, eines Workshops oder beim Training alle kurz ihre Pronomen nennen, ist die Wahrscheinlichkeit, dass nicht-binäre und queere Personen sich in diesem Raum wohler fühlen, höher. Auch die Wahrscheinlichkeit für zwischenmenschliche Missverständnisse und Kommunikationsschwierigkeiten sinkt. Je häufiger Menschen zu Beginn eines Termins nach Pronomen fragen, ihre Pronomen in ihre E-Mail-Signaturen und Social-Media-Profile schreiben, desto alltäglicher wird es. Es schärft das Bewusstsein dafür, dass wir Menschen ihr Geschlecht nicht immer ansehen können, und lädt auch cis Menschen dazu ein, sich mit der eigenen Geschlechtsidentität auseinanderzusetzen. So müssen nicht immer die queeren Personen das Gespräch darüber eröffnen und die Aufmerksamkeit wird nicht mehr ausschließlich auf das «abweichende» Geschlecht der nicht-binären Person gelenkt. Die ist nämlich ohnehin schon häufig exponiert und vulnerabel: Exgendernd handeln, wie es Lann Hornscheidt und Lio Oppenländer nennen, kann dazu führen, dass wir uns übersichtbar und ausgesetzt fühlen, weil wir – plötzlich «sichtbar in einem Meer gegenderter Normalität» – anecken und irritieren.[18]

Während einige warnende offene Briefe über den Verfall der deutschen Sprache schreiben, versuchen andere, unsere Sprache zu entbinarisieren, indem sie zum Beispiel neue Pronomen erfinden. *Neopronomen* sind Wortneuschöpfungen, die uns dabei helfen könnten, unsere Sprache geschlechtsneutraler zu gestalten. Da wurde innerhalb der letzten paar Jahre viel experimentiert, und Einzelpersonen, Vereine und Verbände haben unterschiedliche geschlechtsneutrale Neopronomen ausprobiert: *sier*, *xier*, *dey*, *hen* oder *nin* zum Beispiel. Sie alle könnten eine neutrale Alternative zum binären *sie* und *er* sein. Während viele andere Redaktionen in Deutschland noch Debatten darüber führen, ob Gendern die deutsche Sprache zerstört, führt das *Missy Magazine* 2022 als erstes Magazin in Deutschland mit *dey/deren/demm* ein Neopronomen ein, um Menschen, deren Geschlecht nicht bekannt ist oder die im Englischen das Pronomen «they» verwenden, im Deutschen entsprechend darzustellen. Wenn abweichende Neopronomen von Menschen bekannt sind, nutzt das *Missy Magazine* dagegen diese. Neopronomen müssen sich erst etablieren, und dafür ist es wichtig, dass auch Magazine, Verlage und andere Medien mitmachen. Was sich für uns *normal* anfühlt, ist schließlich vor allem Gewöhnungssache. Während der Coronapandemie gelang es uns, unsere Sprache in einem sehr hohen Tempo ständig zu verändern. Wörter wie R-Wert, FFP2-Maske, Inzidenz, Quarantäne, Booster-Impfung, AHA-Regeln, 2G, 3G und 3G+ oder Mund-Nasen-Schutz gingen den meisten von uns ziemlich schnell über die Lippen und sind ganz selbstverständlich in unsere Alltagssprache eingegangen.

Sprache ist Handeln – und wir sind diejenigen, die die Wirklichkeit durch unser sprechendes Handeln und handelndes Sprechen verändern können. Wenn wir es nicht verlangen, kommt morgen keine Veränderung, und wenn wir nicht wieder und wieder auf die Notwendigkeit einer Öffnung des binären Sprachsystems hinweisen, wird auch kein neutrales Pronomen eingeführt werden. Wenn wir unsere Sprache nicht selbst sprechend und schreibend verändern, wird sie so bleiben, wie sie ist.

ZEhN

Mehrgeschlechterordnungen sind nichts Neues

Ob Muxe in Mexiko, Bakla auf den Philippinen, Hijra in Indien oder Two-Spirit in Nordamerika – in zahlreichen Gesellschaften existieren mehr als zwei Geschlechter. In Asien, Afrika und auch in einigen Teilen Europas gab und gibt es Gesellschaften, die Geschlecht nicht binär ordnen, sondern drei, vier oder mehr Geschlechter kennen, und auch in Süd-, Mittel- und Nordamerika waren Gesellschaften mit mehr als zwei Geschlechtern vor der Kolonialisierung überhaupt nichts Besonderes:

> Für 155 der geschätzten 400 indigenen Gesellschaften, die zu Beginn der Kolonialisierung und Missionierung Nordamerikas existierten, dokumentieren ethnographische Berichte das Vorhandensein eines Dritten und teilweise auch eines Vierten Geschlechts bzw. alternativer Geschlechter.[1]

Das schreibt die*der Ethnolog*in Carla LaGata/Carsten Balzer in einem der wenigen Texte, die online auf Deutsch zu dem Thema zu finden sind. Mit der Kolonialisierung wurden Mehrgeschlechterordnungen allerdings vielerorts unterdrückt und/oder ausgelöscht. La Gata/Balzer weiter:

> Einige ethnographische Quellen verdeutlichen, dass insbesondere die gewalttätigen Expansionsbestrebungen europäischer Kolonialmächte […] in den letzten 500 Jahren vielerorts Verantwortung für die Auslöschung kultureller Alternativen zu den westlich geprägten Zwei-Geschlechter-Modellen tragen.[2]

In vielen indigenen Gesellschaften existierten lange vielfältigere und breitere Vorstellungen von Geschlecht, die «innerhalb des europäischen Binarismus des 16. Jahrhunderts undenkbar waren»,[3] und Menschen außerhalb der Mann-Frau-Dichotomie wurden teilweise sogar heilige Bedeutungen und spezifische soziale Aufgaben zugeordnet. In der Periode der christlichen Eroberung und Kolonialisierung im 16. bis 18. Jahrhundert clashten die komplexen Vorstellungen von Geschlecht einiger indigener Gruppen – wie zum Beispiel der Maya auf der Yucatán-Halbinsel in Mexiko – mit der «fragilen hetero-patriarchalischen Binarität»,[4] wurden als «Sodomie» und «Sünde» gelabelt und mussten bestraft werden:[5]

> Im Fall der Maya spiegelt sich dies in den Berichten vieler europäischer Chronisten, insbesondere jener Ordensbrüder, die die zivilisatorische Aufgabe hatten, die indigene Bevölkerung zu christianisieren […], wider, was die Denunzierung und Ausrottung jeglicher «pro-

faner» Handlung gegen die koloniale hetero-patriarchalische Binarität [...] zur Folge hatte,[6]

schreibt Rub(én) Solís Mecalco (they/them/kein Pronomen).

Dass Mehrgeschlechtersysteme in vielen Gesellschaften auf der ganzen Welt schon immer existiert haben, viele Menschen aber nichts darüber wissen (wollen), ist kein Zufall, sondern die Folge von Macht, Unterdrückung und Rassismus. «In der hegemonialen Vorstellung gibt es ein ganz bestimmtes Bild von ‹den Indigenen›: indigene Gesellschaften werden auch heute noch vom hegemonialen Blick als ‹wild› angesehen, und auch Anthropolog*innen reproduzieren rassistische Narrative», erzählt mir mein*e Interviewpartner*in Rub. Rub(én) Solís Mecalco hat einen Bachelor in Biologie, einen Master in *Natural Resource and Rural Development* und hat zum Zeitpunkt unseres Gesprächs gerade eine Dissertation fertiggeschrieben, in der Rub sich mit Geschlechterkonstruktionen in drei unterschiedlichen Maya-Gesellschaften beschäftigt hat. Besonders interessant an Rubs Forschung ist, dass Rub einen natur- und einen sozialwissenschaftlichen Zugang vereint und die Wissenschaften außerdem durch eine nicht-binäre und Maya-Perspektive erweitert.

Rub erzählt mir, dass das binäre System und dessen Durchsetzung immer mit Religion verbunden war und dass wir fälschlicherweise oft denken, Mehrgeschlechterordnungen seien modern. Dabei sei es aber eigentlich andersherum: Mehrgeschlechterordnungen gab es schon immer, und modern sei vor allem die Gewalt gegen sie.

Der Satz «Es gibt nur zwei Geschlechter» ist nicht nur

falsch, sondern in vielerlei Hinsicht ignorant: Er ignoriert die Tatsache, dass es ganz real in der Vergangenheit und in der Gegenwart Menschen gab und gibt, die nicht ins binäre System passen, er zeugt von Eurozentrismus und schaut da nicht hin, wo *weiße* Menschen in Europa öfter mal nicht hinsehen: die Kolonialgeschichte, den damit verbundenen Rassismus und die Enteignung, Verdrängung und Auslöschung ganzer Gesellschaften – und damit auch des Wissens und der Geschlechterordnungen dieser Gesellschaften, die bei Weitem nicht alle binär organisiert waren und sind. Das binäre Geschlechtersystem ist nicht alternativlos und auch gar nicht so naturgegeben oder selbstverständlich, wie viele Menschen denken.

Auch in europäischen Mythen war Geschlecht übrigens nicht zwangsläufig ausschließlich binär organisiert. In der griechischen Mythologie gab es mit Agdistis[7] und Hermaphroditos[8] bereits Figuren und Erzählungen, die nichtbinär, trans oder queer interpretiert werden können, und in Platons Kugelmenschen-Mythos, den Aristophanes im berühmten Symposion vorträgt, waren die Menschen ursprünglich nicht in zwei, sondern in drei Geschlechtern organisiert:[9]

> Denn erstlich gab es drei Geschlechter von Menschen, nicht wie jetzt nur zwei, männliches und weibliches, sondern es gab noch ein drittes dazu, welches das gemeinschaftliche war von diesen beiden, dessen Name auch noch übrig ist, es selbst aber ist verschwunden. Mannweiblich nämlich war damals das eine, Gestalt und Benennung zusammengesetzt aus jenen beiden, dem

> männlichen und weiblichen, jetzt aber ist es nur noch ein Name, der zum Schimpf gebraucht wird.
> [...] Diese drei Geschlechter gab es [...] deshalb, weil das männliche ursprünglich der Sonne Ausgeburt war und das weibliche der Erde, das an beidem teilhabende aber des Mondes, der ja auch selbst an beiden teilhat.[10]

Die Menschen waren damals laut Aristophanes nicht nur in drei Geschlechtern organisiert, sondern auch kugelförmig, hatten acht Gliedmaßen, und «zwei Angesichter auf einem kreisrunden Halse», «zweifache Schamteile», waren «an Kraft und Stärke [...] gewaltig» und hatten so «große Gedanken», dass die Götter sich Sorgen machten, «dass sie sich einen Zugang zum Himmel bahnen wollten, um die Götter anzugreifen.»[11] Um sie zu schwächen, teilte Zeus sie in zwei Hälften, dabei kamen die heutigen, zweibeinigen Menschen heraus, die stets auf der Suche nach ihrer verlorenen Hälfte sind – und damit ging laut Aristophanes auch das dritte Geschlecht flöten.

Heute scheinen Menschen, die die binäre Ordnung infrage stellen, für einige Menschen ähnlich bedrohlich zu sein wie die Kugelmenschen für Zeus in Platons Symposion. Doch es gab und gibt sie. Immer. Und überall.

Elf

«Entweder & oder»: Die Zukunft ist nicht binär!

Wenn es um die Rechte von trans Personen geht, denken viele Menschen, das würde sie nicht betreffen. Gerade von einer Debatte wie die um das geplante Selbstbestimmungsgesetz, *Die Sendung mit der Maus* und den dazugehörigen Artikel sowie Marie-Luise Vollbrecht und deren transfeindliche Tweets wird häufig behauptet, dass sie abstrakt oder akademisch sei und nicht viel mit dem *echten Leben* zu tun habe. Doch es gibt kaum etwas, das mehr mit dem Leben zu tun haben könnte. Hier versuchen Evangelikale und TERFs Hand in Hand mit rechten Denker*innen und Publizist*innen, Transrechte – und damit ganz konkret das Leben von trans Personen – einzuschränken, indem sie gegen das Selbstbestimmungsgesetz und die Aufklärung über sexuelle und geschlechtliche Vielfalt mobilisieren. Sie instrumentalisieren Feminismus, Biologie und Wissenschaft, um trans Menschen ihre Rechte abzusprechen, schüren Ängste und verbreiten Desinformationen über Menschen, die ohnehin schon vermehrt von Gewalt und Diskriminierung betroffen sind.[1]

Transfeindlichkeit tötet. Auch heute noch. Auch in Deutschland. Sogar auf dem CSD. Am 2. September 2022 erliegt der 25-jährige trans Mann Malte C. seinen Verletzungen, nachdem er auf dem CSD in Münster brutal angegriffen worden war. Wenige Tage später attackiert eine Gruppe von Jugendlichen eine trans Frau in einer Bremer Straßenbahn. Einer der Täter schlägt ihr ins Gesicht, während die ihn umgebende Gruppe ihn anfeuert. Die Frau muss mit schweren Verletzungen ins Krankenhaus, die Täter flüchten. All das geschieht in einem gesellschaftlichen Klima, das einen Nährboden für transfeindliche Gewalt bietet.

Manche Menschen können wegschauen, weil sie selbst nicht direkt von Trans- und Queerfeindlichkeit betroffen sind. Doch wer wegschaut, akzeptiert stillschweigend das Verhalten derjenigen, in deren Augen trans und nicht-binäre Menschen kein Existenzrecht haben, die geschlechtliche Vielfalt abstoßend finden und alles, was nicht ihren Vorstellungen von Männlich- oder Weiblichkeit entspricht, ablehnen. Es wird Zeit, dass auch Menschen, die sich davon *nicht betroffen* fühlen, ihre Aufmerksamkeit darauf richten. Denn auch cis Personen sind allerspätestens dann betroffen, wenn autoritäre Allianzen die Aufklärung über sexuelle und geschlechtliche Vielfalt verbieten, Gesetze einführen, die auch sie in ihrer (körperlichen) Selbstbestimmung einschränken, oder längst überholt geglaubte Geschlechterrollen eine Renaissance erfahren. Auch wenn das eigene Kind, gute Freund*innen, Partner*innen oder ein Geschwisterteil sich als trans, genderqueer oder nicht-binär outet oder eine Person sich irgendwann selbst eingesteht, dass ihr das binäre System eigentlich viel zu eng ist, wird das, was sie vorher nichts anging, zu abstrakt oder zu abgehoben klang, dann doch plötzlich ein Teil der eigenen Lebensrealität.

Die Frage ist nicht, ob es mehr als zwei Geschlechter gibt, sondern wie wir mit der Tatsache umgehen, dass es sie gibt. Wieso lösen Kinder, die binäre Geschlechter infrage stellen oder zwischen ihnen mäandern, in Erwachsenen Ängste und Ekel aus? Und wieso erklären Erwachsene andere Erwachsene für gestört, wenn sie sich weigern, sich von den Regeln der binären Ordnung einschränken zu lassen? Wieso verlangen wir nicht alle zusammen, mehr als entweder oder sein zu dürfen?

Menschen, die Geschlechtergrenzen ignorieren, überschreiten oder sprengen, werden von anderen Menschen oft als Bedrohung wahrgenommen. Doch die Tatsache, dass einige Menschen nicht in die cis- und binärgeschlechtliche Norm passen, muss niemand persönlich nehmen oder als Angriff auf die eigene Identität interpretieren. Niemandem wird durch eine Öffnung der binären Geschlechterordnung etwas weggenommen, und kein Mensch wird dazu gezwungen, nicht-binär, genderqueer oder trans «zu werden». In einer weniger binären Welt würde sich für die meisten Menschen gar nicht viel ändern: Auch mit einer Öffnung der Zweigeschlechterordnung können Menschen weiter Männer oder Frauen sein und das auch so ausgestalten, wie immer sie möchten, es gäbe lediglich auch für Menschen, die von der binären Norm abweichen, endlich die Option, offiziell zu existieren und vielleicht sogar ernst genommen zu werden. Auch wenn das für einige

Menschen unvorstellbar erscheint: Es gibt tatsächlich die Möglichkeit, ganz viele Kategorien gleichzeitig nebeneinander existieren zu lassen, ohne sie zu hierarchisieren.

> Das Dringlichste ist nicht, zu verteidigen, was wir als Männer oder Frauen sind, sondern es zurückzuweisen und uns von der politischen Zwangsherrschaft zu befreien, die uns nötigen will, die Norm zu begehren und zu reproduzieren.[2]

Das schreibt der spanische Philosoph und Queer-Theoretiker Paul Preciado (er/ihn) in einer seiner Kolumnen. Wie wollen wir weiterkommen, wenn wir wieder und wieder wiederholen, was Männer und Frauen sind, statt den Versuch zu wagen, diese Einteilung im Ganzen zu überwinden? Solange niemand die binäre Ordnung stört, wird sich daran auch nichts ändern.

Wenn wir tatsächlich möchten, dass trans, nicht-binäre und andere Menschen, die von der cisgeschlechtlichen Norm abweichen, gleichberechtigt neben anderen Geschlechtern existieren können, müssen wir unser binäres Denken überwinden – und dazu müssen wir in der Lage sein, es als solches zu identifizieren: Wir müssten all die vermeintlichen Gegensätze und Begrenzungen ignorieren, die wir so sehr verinnerlicht haben, dass wir sie nicht einmal bemerken, und sehr viel verlernen, um unser inneres Patriarchat und binäres Denken hinter uns zu lassen, das sich für die meisten Menschen komplett *natürlich* anfühlt. Das ist anstrengend. Aber es ist auch lebendig – und es verändert unseren Blick auf die Welt.

Die Auseinandersetzung mit der Zweigeschlechterordnung ist auch eine Auseinandersetzung mit Macht, Verdrängung, Unterdrückung, Gewalt und Ignoranz. Wir dürfen nicht vergessen, dass Privilegien und Ressourcen ziemlich ungleich verteilt sind und dass diejenigen, die wenig davon haben, häufig viele Kämpfe gleichzeitig ausfechten müssen. Wir müssen anerkennen, dass das binäre System nie die einzig mögliche Form war, Geschlecht zu organisieren. Dafür müssen wir uns mit Eurozentrismus und Rassismus auseinandersetzen, unsere Vorstellungen von Normalität, Neutralität und Objektivität überarbeiten.

Queere Menschen brauchen Räume und Gesetze, die sie schützen, statt sie zu diskriminieren. Trans und nicht-binäre Menschen benötigen eine angemessene gesundheitliche Versorgung, und Informationen zu queerer Gesundheit müssen frei verfügbar sein, ohne dass rechte Politiker*innen gleich öffentlich die Apokalypse heraufbeschwören. Es braucht repräsentative Statistiken und Studien und eine breit angelegte und nicht-normative Aufklärung über geschlechtliche Vielfalt. Journalist*innen stehen in der Verantwortung, Vorurteile gegenüber trans und nicht-binären Personen nicht zu befeuern, sondern abzubauen. Dafür müssen auch die Redaktionen anders besetzt werden. Es kann nicht sein, dass im Jahr 2023 immer noch fast ausschließlich *weiße* cis Personen darüber entscheiden, was wir in den Medien zu sehen bekommen.

All das sind keine individuellen oder persönlichen, sondern strukturelle und politische Probleme, für die es Geld, Zeit und politischen Willen braucht und an denen einzelne Personen nicht viel ändern können. Doch Strukturen ändern sich nur, wenn Menschen es fordern: Solange es Transfeindlichkeit gibt, müssen wir sie thematisieren. Manche Dinge müssen hunderttausendmal kritisiert werden, bis sie sich ändern – und das cisnormative binäre System und die damit verbundene Gewalt wird sich bestimmt noch ein paar Jahrzehnte halten.

Jede Person kann gegen Trans- und Queerfeindlichkeit aufstehen – auf Social Media, im öffentlichen Raum, in der Familie und im Freund*innenkreis. Jeder Mensch kann Gegenrede leisten, statt transfeindliche Tendenzen einfach zu ignorieren oder als «Nicht mein Problem» hinzunehmen. Wir alle können mit Fakten und Argumenten gegen Desinformationen vorgehen, Hassrede und Falschinformationen in sozialen Netzwerken melden und uns bei Medienhäusern über trans- und queerfeindliche Texte beschweren. Wir können versuchen, weniger binär zu sprechen, bei trans und nicht-binären Menschen darauf achten, die richtigen Pronomen zu verwenden (ja, auch wenn die Person nicht im Raum ist), und uns bei Fehlern einfach schnell korrigieren, statt uns darüber zu beschweren, wie *kompliziert* das alles ist. Und wir alle können uns weiterbilden, queeren Menschen zuhören, Bücher lesen und ganz explizit nach queeren Perspektiven suchen. Wir können Geschlechterklischees herausfordern und unsere Kinder geschlechtsoffen erziehen und endlich damit aufhören, Menschen, die ein Kind erwarten, zu fragen, *WAS ES WIRD!??* Vor allem können wir versuchen, öfter mal die Perspektive zu wechseln und das binäre System infrage zu stellen, statt es als naturgegeben hinzunehmen. Denn nur so können wir es herausfordern.

Ich möchte in einer Gesellschaft leben, in der Menschen sich nicht ständig erklären müssen, wenn sie sich doch eigentlich ganz wohl damit fühlen, weder *entweder* noch *oder* zu sein. Eine Gesellschaft, die Kindern erlaubt, sie selbst zu sein, statt ihnen schon im Kindergarten größtmögliche Angepasstheit abzuverlangen. Eine, die offen ist, neue Kategorien zu schaffen, wenn die alten nicht mehr reichen. Eine, die Fluidität, Neugier und Wandel feiert, statt sie zu bestrafen oder für verrückt und abnormal zu erklären. Eine, die uns dazu ermutigt, wir selbst zu sein und damit auch nach außen zu treten, ohne Angst davor haben zu müssen, andere zu überfordern, zu irritieren oder ihren Hass auf uns zu ziehen. Eine, in der große Medienhäuser warnende Texte über tatsächlich existierende Anti-Gender-Bewegungen veröffentlichen, statt transfeindliche Narrative über herbeifantasierte Translobbygruppen zu reproduzieren. Eine, in der sexistische Comedians erfolglos bleiben, niemand weiß, wer Jordan Peterson ist, und in der Produkte nicht mit stumpfen Geschlechterklischees beworben werden. Eine, in der Menschen ihre eigenen Ängste und Unsicherheiten nicht auf Kinder projizieren, sondern in der sie Raum dafür haben, sich zu fragen, woher sie kommen, um es bei jüngeren Menschen dann anders machen zu können. Eine, in der es keine Männer- und Frauen-Abteilungen, sondern Schuh-, Oberteil-, Hosen- und Jackenabteilungen gibt. Ich wünsche mir eine Gesellschaft, die eine Sprache spricht, die nicht ausschließt und trennt, sondern einschließt und verbindet. Eine, in der Kinder Kinder sein dürfen und in der Menschen Menschen sein können, statt in erster

Linie Jungs oder Mädchen, Frauen oder Männer sein zu müssen.

Diese Wünsche klingen vielleicht realitätsfern, pathetisch und naiv. Trotzdem glaube ich, dass wir sie formulieren müssen, um uns daran zu erinnern, dass es auch anders gehen könnte. Wenn wir in einer weniger binären Gesellschaft leben möchten, darf es uns nicht peinlich sein, naive Wünsche zu äußern, die zwar vielleicht weltfremd klingen, aber auch utopisch sind. Während die Welt um uns zusammenkracht, dürfen wir nicht vergessen, wie wir zusammenleben möchten, falls sie doch nicht untergeht. Ob wir das Überwinden der binären Norm für möglich halten, hat auch mit den Geschichten zu tun, die wir uns erzählen. Wir brauchen Fantasie, wenn wir starre Kategorisierungen, Geschlechterrollen und Zwänge hinter uns lassen möchten. Und wir brauchen neue Utopien. Utopien von Selbstakzeptanz und Lebendigkeit. Von der absoluten Gleichheit aller Geschlechter. Utopien vom Menschsein jenseits vom Mann-oder-Frau-Sein.

Viele Menschen haben beim Titel dieses Buches vielleicht eine solche Utopie erwartet. Er verweist aber nicht auf die Vorstellung einer idealen Welt, sondern ist vielmehr eine nüchterne Feststellung. Trans und nicht-binäres Leben hat es immer gegeben und wird es immer geben. Die Frage ist nur, wie eine Gesellschaft damit umgeht. Die Diskussionen um das Selbstbestimmungsgesetz, gendernde ARD-Moderator*innen und wütende Briefe an die Öffentlich-Rechtlichen sind schwer zu ertragen, zeigen aber auch, dass wir bereits dabei sind, unsere Welt zu entbinarisieren: Einige Menschen haben damit ein riesiges Problem und ihre Abwehr ist auch ein Indikator für gesellschaftlichen Wandel. Es passiert bereits etwas, und die Profiteur*innen des Patriarchats müssen fluchend dabei zusehen, wie die binären Pole, an die sie sich klammern, langsam dahinschmelzen.

Bis sie ganz geschmolzen sind, dauert es sicher noch ein paar Jahrhunderte. Bis dahin nicht vergessen: Wir müssen keine Frauen sein. Wir müssen keine Männer sein. Wir müssen gar nichts.

Glossar

agender

Personen, die sich keinem Geschlecht zugehörig fühlen, geschlechtslos oder geschlechtsneutral sind, und Menschen, für die das gesamte Konzept «Geschlecht» nicht passt und die sich außerhalb des geschlechtlichen Spektrums wiederfinden.

Alpha Male

Dominantes männliches Individuum, das in einer Gruppe von Tieren an der Spitze der Hierarchie steht. Die Theorie vom Alpha Male wird in verschiedenen antifeministischen Bewegungen (z. B. Pick-up-Artists und Incels) und von antifeministischen Einzelpersonen (z. B. Jordan Peterson oder Andrew Tate) auf Menschen übertragen und von einigen Männern auch als Selbstbezeichnung verwendet.

Alt-Right

Als Alt-Right (Alternative Rechte) bezeichnen sich ultrarechte Aktivist*innen aus den USA. Die Alt-Right fungiert als Bindeglied zwischen Konservatismus und Rechtsextremismus und versucht, rechtsextreme Themen für breitere Kreise anschlussfähig zu machen.[1]

Anti-Gender-Bewegung
Transnational agierende Bewegung mit dem gemeinsamen Feindbild einer angeblichen «Gender Ideologie».[2]

Assigned Gender at Birth (AGAB)
Bei der Geburt zugeordnetes Geschlecht: *assigned male at birth* (AMAB) oder *assigned female at birth* (AFAB).

cis
Die Geschlechtsidentität einer Person stimmt mit dem bei der Geburt zugeordneten Geschlecht überein.

Cisnormativität
In cisnormativen Gesellschaften wird davon ausgegangen, dass die Norm sich mit dem Geschlecht, das bei der Geburt zugeordnet wurde, identifizieren kann und das Geschlecht einer Person an den Genitalien ablesbar ist. Andere Geschlechter werden dadurch zur Ausnahme/Abweichung von der Norm und unsichtbar gemacht.

Deadnaming
Das Ansprechen einer trans oder nicht-binären Person mit ihrem alten, abgelegten Namen ist respektlos und verletzend und wird Deadnaming genannt.

Doxxing
Als Doxxing wird das Sammeln und Veröffentlichen persönlicher Daten einer Person bezeichnet. Das können private Telefonnummern, Anschriften und Kontakte, Finanzdaten oder die persönlichen Daten Angehöriger sein.

Dysphorie
Soziales, psychisches und/oder körperliches Unwohlsein, das viele trans und nicht-binäre Personen in Bezug auf die Selbst- und Fremdwahrnehmung ihres Geschlechts empfinden.

Femizid
Die vorsätzliche Tötung von Frauen und Mädchen aufgrund ihres Geschlechts.

FLINTA
Sammelbegriff für Frauen, Lesben, inter, nicht-binäre, trans und agender Personen.

Gender-Euphorie
Positives Gefühl, das sich bei Personen, die nicht cisgeschlechtlich sind, einstellt, wenn ihre Geschlechtsidentität bestätigt wird und/oder der eigene Körper und/oder Geschlechtsausdruck sich dahingehend verändert, dass er zur eigenen Geschlechtsidentität passt, zum Beispiel durch eine Mastektomie oder andere geschlechtsangleichende Operationen, etwa durch eine Veränderung der Stimme, Bartwuchs durch Hormone, eine neue Frisur, Kleidung, korrektes Gendern und vieles mehr.

genderfluid
Fluide Geschlechtsidentitäten, die sich verändern und wandeln (können).

gender-nonconforming
Personen, die die binäre Geschlechterordnung sowie Geschlechterrollen und dazugehörige Erwartungen ablehnen und sichtbar herausfordern. Sie können cis, trans und/oder nicht-binär sein.

Geschlechtsangleichende Operationen
Chirurgische Eingriffe, die einige trans und nicht-binäre Personen durchführen lassen, um ihren Körper dem eigenen Geschlecht anzupassen.

Heteronormativität
In heteronormativen Gesellschaften wird davon ausgegangen, dass es zwei Geschlechter gibt, die sich sexuell aufeinander beziehen. Heterosexualität gilt als Norm und alle anderen sexuellen Orientierungen werden dadurch zur Abweichung von der Norm.

Incels
Incel steht für *involuntary celibate*. Incels sind eine misogyne Bewegung von cis Männern, die ihrer Meinung nach unfreiwillig im Zölibat leben, cis Frauen dafür verantwortlich machen und sich online darüber austauschen. Incels hegen häufig Gewaltfantasien gegen Frauen.[3]

inter
Sammelbegriff für Personen, deren Körper nicht den cisnormativen, medizinischen Vorstellungen von Weiblich- oder Männlichkeit entsprechen.

LGBTQIA+
Lesbian, gay, trans, queer, inter, asexual und alle anderen, die von der endo- und cisgeschlechtlichen und/oder heterosexuellen Norm abweichen.

Mastektomie
Die chirurgische Entfernung von Brustgewebe. Wird zur optischen Flachung der Brust durchgeführt oder zur (präventiven) Brustkrebsbehandlung.

misgendern
Wenn eine Person einer anderen Person (absichtlich oder unabsichtlich) durch eine falsche Anrede oder falsche Pronomen ein falsches Geschlecht zuordnet, misgendert sie diese. Korrektes Gendern ist ein Zeichen von Anerkennung und Respekt, während ständiges Misgendern sehr verletzend sein kann.

Neopronomen
Neopronomen sind Wortneuschöpfungen, die als genderneutrale Alternativen zum binären *sie* und *er* fungieren können: *sier, xier, dey, hen* oder *nin* zum Beispiel.

nicht-binär
Sammelbegriff für Personen, die sich nicht (immer oder vollständig) mit einer der beiden Möglichkeiten identifizieren (können), die eine binäre Geschlechterordnung bietet.

Passing
In Bezug auf Geschlecht bedeutet Passing, dass eine Person als das Geschlecht gelesen wird, als das sie gelesen werden möchte. Passing hängt stark vom Gegenüber ab und ist deshalb kein starrer Zustand, sondern immer situationsabhängig.

Patriarchat
Männerherrschaft: System, das von (cis) Männern dominiert wird.

Pubertätsblocker
Pubertätsblocker sind synthetisch hergestellte hormonähnliche Substanzen, die Kindern, deren Pubertät zu früh einsetzt, verschrieben werden können, um die Pubertät hinauszuzögern. Teilweise werden sie auch Menschen verschrieben, die sich mit dem Geschlecht, das ihnen bei der Geburt zugeordnet wurde, nicht identifizieren können.

queer
Sammelbegriff und Selbstbezeichnung für Personen, deren sexuelle Orientierung und/oder Geschlechtsidentität nicht der heterosexuellen und/oder cisgeschlechtlichen Norm entspricht. Ursprünglich eine Beleidigung, mittlerweile eine neutrale bis positive Selbstbezeichnung.

Schwarz
Schwarz ist eine politische Selbstbezeichnung von Menschen mit afrikanischer oder afrodiasporischer Herkunft und wird großgeschrieben, um sichtbar zu machen, dass es sich nicht um ein Adjektiv oder die Beschreibung einer Hautfarbe handelt. Der Begriff ist «der Versuch auszudrücken, welche sozialen Gemeinsamkeiten aus dem Konstrukt Rassismus entstanden sind».[4] Es geht dabei vor allem um gemeinsame Erfahrungen. «Weiße Menschen können [...] nicht bestimmen, wer Schwarz ist und wer nicht.»[5]

Selbstbestimmungsgesetz
Gesetzesentwurf, der das Transsexuellengesetz ablösen und die Änderung des Namens und des Geschlechtseintrags für trans, nicht-binäre und andere Menschen, deren Geschlecht von der cisgeschlechtlichen Norm abweicht, erleichtern soll. Mit dem Selbstbestimmungsgesetz soll kein ärztliches Gutachten mehr notwendig sein, sondern ein Vorsprechen beim Standesamt reichen, um den Personenstand und den Vornamen zu ändern.

sexuelle Orientierung
Die sexuelle Orientierung beschreibt, zu welchen Geschlechtern oder welchem Geschlecht sich eine Person hingezogen (oder nicht hingezogen) fühlt. Eine Person kann zum Beispiel lesbisch, schwul, asexuell, hetero-, demi-, bi- oder pansexuell sein. Die sexuelle Orientierung hat nichts mit der Geschlechtsidentität einer Person zu tun, Begriffe wie zum Beispiel «transsexuell» sind daher irreführend. Trans ist keine sexuelle Orientierung.

Sex und _Gender_

Die Unterteilung zwischen «biologischem Geschlecht» *(Sex)* und «sozialem Geschlecht» *(Gender)* war anfangs hilfreich, um auf die soziale und kulturelle Konstruiertheit von Gender hinzuweisen, doch sie reicht nicht aus, um die Komplexität von Geschlecht zu beschreiben. Sinnvoller ist, zwischen dem bei der Geburt zugeordneten Geschlecht, Geschlechtsidentität und Geschlechterrollen zu unterscheiden.

TERF

TERF steht für *trans exclusive radical feminist.* TERFs sind eine transfeindliche Bewegung selbst ernannter Feminist*innen, die trans Personen ausschließen.

TIN

Trans, inter, nicht-binär.

trans

Die Geschlechtsidentität einer Person stimmt nicht mit dem Geschlecht überein, das ihr bei der Geburt zugeordnet wurde.

transfeminin

Einige Menschen, denen bei der Geburt nicht das weibliche Geschlecht zugeordnet wurde, die sich aber als weiblich identifizieren, bezeichnen sich als transfeminin.

transmaskulin
Einige Menschen, denen bei der Geburt nicht das männliche Geschlecht zugeordnet wurde, die sich aber als männlich identifizieren, bezeichnen sich als transmaskulin.

Transition
Prozess, in dem eine Person, Veränderungen (sozialer, sprachlicher, juristischer und/oder körperlicher Art) vornehmen lässt, um die äußeren Umstände dem eigenen Geschlecht anzupassen. Dabei können Personen sich dafür entscheiden, Hormone zu nehmen oder geschlechtsangleichende Operationen durchführen zu lassen, den Personenstand, Geschlechtseintrag, Namen und/oder die Pronomen zu ändern. Transitionen sind nicht immer binär «von A nach B», müssen kein bestimmtes Ziel haben und sind nicht dazu da, um den cisnormativen Blick der Mehrheitsgesellschaft zu bedienen, sondern damit eine Person die eigene Geschlechtsidentität ausleben kann. Nicht alle trans und nicht-binären Personen transitionieren.

Transsexuellengesetz (TSG)
Gesetz zur Änderung von Vornamen und der registrierten Geschlechtszugehörigkeit vom 10. September 1980 in der Bundesrepublik.[6] Laut TSG müssen trans Personen mindestens zwei psychiatrische Gutachten vorlegen, um eine Personenstandsänderung durchführen zu können. Für diese Gutachten müssen die Personen häufig sehr intime und herabwürdigende Fragen beantworten. Laut WHO gilt Transgeschlechtlichkeit seit 2018 nicht mehr als Krankheit,[7] das vierzig Jahre alte, pathologisierende und dis-

kriminierende TSG ist in wesentlichen Teilen verfassungswidrig[8] und soll 2023 durch das Selbstbestimmungsgesetz ersetzt werden.

weiß

Ich schreibe *weiß* kursiv und klein, um zu betonen, dass *weiß* keine naturgegebene Eigenschaft oder Hautfarbe ist, sondern eine gesellschaftliche und politische Konstruktion, die mit Privilegien und Macht verbunden ist und oft unbenannt und unreflektiert bleibt.[9]

Zweigeschlechterordnung

Westliche (und durch den Kolonialismus auch zwangsweise viele nichtwestliche) Gesellschaften sind meist binär – also zweigeschlechtlich – organisiert, es wird davon ausgegangen, dass es nur zwei Geschlechter gibt, die klar voneinander trennbar sind und unterschiedliche Rollen einzunehmen haben.

Danksagung

Mein Dank gilt dem Rowohlt Verlag, der sich darauf eingelassen hat, dieses Buch umzusetzen. Ich danke Antje Röttgers und Marie Krutmann für das Lektorat, Alfio Funari für seine gute Laune und die unzähligen Telefonate, Dana Mahr und Jenny Wilken für die Infos, Rub(en) Solís Mecalco für die Perspektivenerweiterung, Fluff von Minzgespinst für das Sensitivity-Reading und Kerstin Meißner für ihren prüfenden Blick. Ich danke meiner Mutter dafür, dass sie mich auch mit über 30 noch vor übergriffigen Kindern verteidigt – und Jonas, Iliane Kiefer und Ann-Kristin Tlusty: danke für eure Freundschaft und Kritik.

Ausgewählte Literatur

Adrian Daub: Cancel Culture Transfer. Wie eine moralische Panik die Welt erfasst, Suhrkamp, 2022.

Alok Vaid-Menon: Mehr als binär, Katalyst, 2022.

Ann-Kristin Tlusty: Süss. Eine feministische Kritik, Hanser, 2021.

Carolin Amlinger und Oliver Nachtwey: Gekränkte Freiheit. Aspekte des libertären Autoritarismus, Suhrkamp, 2022.

Eris Young: They/Them/Their. A Guide to Nonbinary & Genderqueer Identities, Jessica Kingsley Publishers, 2019.

Felicia Ewert: Trans. Frau. Sein. Aspekte geschlechtlicher Marginalisierung, edition assemblage, 2020.

Jack Halberstam: Trans*. A quick and quirky account of gender variability, University of California Press, 2018.

Judith Butler: Das Unbehagen der Geschlechter, Suhrkamp, 1991.

Lann Hornscheidt: Gender. Was soll das ganze Theater?, Aufklärung und Kritik, Bd. 512, SuKulTur, 2019.

Lann Hornscheidt: Sprachgewalt. erkennen und sprachhandelnd verändern, Aufklärung und Kritik, Bd. 524, SuKulTur, 2018.

Lann Hornscheidt und Lio Oppenländer: Exit Gender. Gender loslassen und strukturelle Gewalt benennen: eigene Wahrnehmung und soziale Realität verändern, w_orten & meer, 2019.

Linus Giese: Ich bin Linus. Wie ich der Mann wurde, der ich schon immer war, Rowohlt, 2020.

Meg-John Barker und Alex Iantaffi: Life isn't binary. On being both, beyond, and in-between, Jessica Kingsley Publishers, 2020.

Paul B. Preciado: Ein Apartment auf dem Uranus. Chroniken eines Übergangs, Suhrkamp, 2020.

Rebekka Endler: Das Patriarchat der Dinge, Dumont, 2021.

Shon Faye: Die Transgender Frage. Ein Aufruf zu mehr Gerechtigkeit, Hanser, 2022.

Travis Alabanza: None of the above. Reflections on life beyond the binary, Canongate, 2022.

Susanne Kaiser: Politische Männlichkeit. Wie Incels, Fundamentalisten und Autoritäre für das Patriarchat mobilmachen, Suhrkamp, 2020.

Quellenverzeichnis

Die Titel von Kapitel 6 und Kapitel 11 nehmen je Bezug auf einen Song: Kapitel 6: Mila Jam: «It's Raining Them! Hallelujah!»; Kapitel 11: Deezer Originals, 2021, und Hans Unstern: «Entweder & oder», The Great Hans Unstern Swindle, 2012.

Warum dieses Buch?

1 Vgl. transrespect.org (11.11.2021): TVT TMM UPDATE • TRANS DAY OF REMEMBRANCE 2021, abrufbar unter: https://transrespect.org/en/tmm-update-tdor-2021/ (abgerufen am 28.12.2022).

2 Vgl. Mainz, Sabrino (31.01.2022): Zahl der Gewaltvorfälle steigt, in: Belltower News, abrufbar unter: https://www.belltower.news/transfeindlichkeit-in-deutschland-zahl-der-gewaltvorfaelle-steigt-127517/ (abgerufen am 28.12.2022).

3 Vgl. queer.de (10.05.2022): BKA-Bericht: Steiler Anstieg bei queerfeindlichen Taten, abrufbar unter: https://www.queer.de/detail.php?article_id=41973 (abgerufen am 28.12.2022).

4 Vgl. Delius, Mara, und Marie-Luise Goldmann (05.04.2022): «Wenn Pubertätsblocker eingesetzt werden und die Brüste amputiert sind, ist es zu spät», in: WELT, abrufbar unter: https://www.welt.de/kultur/literarischewelt/plus237703001/Alice-Schwarzer-zur-Trans-Debatte-Werden-Pubertaetsblocker-eingesetzt-ist-es-zu-spaet.html (abgerufen am 28.12.2022).

5 Barker, Meg-John, und Alex Iantaffi: «Life isn't binary. On Being Both, Beyond and In-Between», Jessica Kingsleys Publishers 2019, S. 16.

1.
Mehr als Genitalien: Was ist Geschlecht?

1 Hornscheidt, Lann, und Lio Oppenländer: exit gender. Gender loslassen und strukturelle Gewalt benennen: eigene Wahrnehmung und soziale Realität verändern. Berlin: w_orten & meer 2019, S. 20.
2 Deutsches Institut für Sozialwirtschaft (17. 02. 2021): Sex vs. Gender: Biologisches & Soziales Geschlecht, abrufbar unter: https://echte-vielfalt.de/lebensbereiche/lsbtiq/sex-vs-gender-biologisches-soziales-geschlecht/ (abgerufen am 23. 12. 2022).
3 Vgl. Grahn, Sarah Lena (07. 05. 2021): Geschlechtsangleichende Operationen bei Kindern werden verboten, in: Zeit Online, abrufbar unter: https://www.zeit.de/politik/deutschland/2021-05/intersexualitaet-kinder-operation-geschlechtsangleichung-verbot#:~:text=Intersexualit%C3%A4t%20Geschlechtsangleichende%20Operationen%20bei%20Kindern (abgerufen am 25. 01. 2023).
4 Butler, Judith: Das Unbehagen der Geschlechter, Suhrkamp 1991, S. 24.
5 Butler hat mit *Körper von Gewicht* ein ganzes Buch darüber geschrieben, warum diese Vorwürfe nicht zutreffen (sollen).
6 Vgl. Oestreich, Heide (07. 03. 2018): Müssen wir Butler verabschieden? In: taz, abrufbar unter: https://taz.de/Feministische-Philosophie-und-Koerper/!5487457/ (abgerufen am 28. 12. 2022).
7 Antidiskriminierungsstelle des Bundes (2021): Frau – Mann – Divers. Die «Dritte Option» und das Allgemeine Gleichbehandlungsgesetz (AGG), abrufbar unter: https://www.antidiskriminierungsstelle.de/DE/ueber-diskriminierung/diskriminierungsmerkmale/geschlecht-und-geschlechtsidentitaet/dritte-option/dritte-option-node.html (abgerufen am 23. 12. 2022).

8 Antidiskriminierungsstelle des Bundes (2021): Frau – Mann – Divers. Die «Dritte Option» und das Allgemeine Gleichbehandlungsgesetz (AGG), abrufbar unter: https://www.antidiskriminierungsstelle.de/DE/ueber-diskriminierung/diskriminierungsmerkmale/geschlecht-und-geschlechtsidentitaet/dritte-option/Dritte_Option.html (abgerufen am 23.12.2022).

2.
Biologismus: Stumpf ist Trumpf

1 Vgl. Nuckel, Karoline (03/2020): MEHR SEIN ALS SCHLEIM, in: Arte Magazin, abrufbar unter: https://www.arte-magazin.de/blob/ (abgerufen am 23.12.2022).

2 Vgl. Bessert-Nettelbeck, Mathilde (03.07.2020): Männchen zu Weibchen, Weibchen zu Männchen, abrufbar unter: https://www.spektrum.de/news/was-zwitterfische-ueber-die-evolution-von-sex-und-geschlechtern-lehren/1748544 (abgerufen am 23.12.2022).

3 Spektrum Lexikon der Neurowissenschaft (2000): Determinismus, abrufbar unter: https://www.spektrum.de/lexikon/neurowissenschaft/determinismus/14432 (abgerufen am 23.12.2022).

4 Spektrum Lexikon der Biologie (1999): Biologismus, abrufbar unter: https://www.spektrum.de/lexikon/biologie/biologismus/8707 (abgerufen am 23.12.2022).

5 Vgl. Herbst, Liesa (12/2014): Re-Biologisierung der Geschlechterdifferenz. Eine inhaltsanalytische Untersuchung populärer Sachbücher, in: kommunikation.medien, Onlinejournal des Fachbereichs Kommunikationswissenschaft, Universität Salzburg 2014, abrufbar unter: https://eplus.uni-salzburg.at/JKM/content/titleinfo/2032489/full.pdf (abgerufen am 23.12.2022).

6 Peterson, Jordan P.: 12 Rules for Life. Ordnung und Struktur in einer chaotischen Welt, Goldmann 2019, S. 36.

7 Vgl. Peterson, S. 59 f.

8 Vgl. Peterson, S. 56 ff.

9 Vgl. Peterson, S. 66 f.

10 Vgl. Kaiser, Susanne: Politische Männlichkeit. Wie Incels, Fundamentalisten und Autoritäre für das Patriarchat mobilmachen, Suhrkamp 2020, S. 202 f.

11 Vgl. bspw. Louis, Chantal, und Christiane Nüsslein-Volhard (22.08.2022): Viele Geschlechter? Das ist Unfug!, in: Emma, abrufbar unter: https://www.emma.de/artikel/viele-geschlechter-das-ist-unfug-339689#:~:text=Da%20gibt%20es%20das%20eine,Das%20nennt%20man%20m%C3%A4nnlich. (abgerufen am 27.01.2023).

12 Vgl. Endler, Rebekka: Das Patriarchat der Dinge. Warum die Welt Frauen nicht passt, Dumont 2021, S. 165.

13 Vgl. Pallinger, Jakob (28.01.2022): Geschlechtergerechte Crashtest-Dummys sollen Autos für Frauen sicherer machen, abrufbar unter: https://www.derstandard.de/story/2000132196434/geschlechtergerechte-crashtest-dummys-sollen-autos-fuer-frauen-sicherer-machen (abgerufen am 23.12.2022).

14 Vgl. ebd.

15 Vgl. Dichmann, Markus, und Martina Schulte (31.10.2022): Erster echter weiblicher Crashtest-Dummy, abrufbar unter: https://www.deutschlandfunknova.de/beitrag/crashtest-dummies-der-erste-echte-weibliche-dummy-kommt-aus-schweden (abgerufen am 23.12.2022).

16 Vgl. Meyer, Steven (18.01.2021): Männergrippe, abrufbar unter: https://www.fluter.de/gender-health-gap-kurz-erklaert (abgerufen am 23.12.2022).

17 Vgl. ebd.

18 Vgl. Endometriose Vereinigung Deutschland e.V. (2023): Was ist Endometriose?, abrufbar unter: https://www.endometriose-vereinigung.de/was-ist-endometriose.html (abgerufen am 23.12.2022).

19 Vgl. Frauenärzte im Netz (13.01.2022): Endometriose, abrufbar unter: https://www.frauenaerzte-im-netz.de/erkrankungen/endometriose/#:~:text=Die%20Zahl%20der%20an%20Endometriose,%2C4%20Jahre%20%5B1%5D (abgerufen am 23.12.2022).

20 Vgl. Köhler, Carolin (2023): Gendermedizin. Warum Frauen und

Männer anders krank werden, abrufbar unter: https://reportage.wdr.de/gendermedizin-warum-frauen-und-maenner-anders-krank-werden (abgerufen am 23.12.2022).

21 Vgl. ebd.

22 Vgl. Metzler Lexikon Philosophie (2008): Androzentrismus, abrufbar unter: https://www.spektrum.de/lexikon/philosophie/andro zentrismus/126 (abgerufen am 23.12.2022).

3.
Geschlechtergerechtigkeit: Mind the Gaps!

1 Vgl. Thust, Sarah (11.03.2022): Augenzeugen berichten über Diskriminierung von Schwarzen an der ukrainischen Grenze, in: Correctiv, abrufbar unter: https://correctiv.org/faktencheck/2022/03/11/ukraine-augenzeugen-berichten-ueber-diskriminierung-von-schwarzen-an-der-grenze/ (abgerufen am 20.01.2023).

2 Vgl. Niewendick, Martin (08.06.2022): Ukraine-Krieg: Warum viele trans*Frauen an der Ausreise gehindert werden, abrufbar unter: https://politik.watson.de/international/analyse/530771109-ukraine-krieg-warum-viele-trans-frauen-an-der-ausreise-gehindert-werden (abgerufen am 23.12.2022)

3 Vgl. Darida, Muri (15.03.2022): Kein Mann und trotzdem zum Bleiben gezwungen. In: Zeit Online, abrufbar unter: https://www.zeit.de/zett/queeres-leben/2022-03/trans-menschen-ukraine-militaer-mann (abgerufen am 20.01.2023).

4 Vgl. Erik Jödicke: Tweet vom 28.02.2022, abrufbar unter: https://twitter.com/EJodicke/status/1498253174410518529 (abgerufen am 28.12.2022).

5 Vgl. Geiler, Julius (24.10.2022): Beschimpft und geschlagen: Queerfeindliche Kriminalität in Berlin innerhalb von vier Jahren verdoppelt, abrufbar unter: https://www.tagesspiegel.de/berlin/beschimpft-und-geschlagen-queerfeindliche-kriminalitat-in-berlin-im-vergleich-zu-2018-verdoppelt-8792044.html (abgerufen am 23.12.2022).

6 Vgl. NDR (25.11.2022): Femizide in Deutschland: Fallzahlen gehen 2021 leicht zurück, abrufbar unter: https://www.ndr.de/kultur/Femizide-in-Deutschland-Fallzahlen-gehen-2021-leicht-zurueck,femizid100.html (abgerufen am 23.12.2022).

7 Vgl. Tagesschau (24.06.2022): Oberstes US-Gericht kippt Abtreibungsrecht, abrufbar unter: https://www.tagesschau.de/ausland/amerika/supreme-court-kippt-abtreibungsrecht-101.html (abgerufen am 23.12.2022).

8 Vgl. Tagesschau (04.07.2022): Papst vergleicht Abtreibung mit Auftragsmord, abrufbar unter: https://www.tagesschau.de/ausland/europa/papst-us-urteil-abtreibung-101.html (abgerufen am 23.12.2022).

9 Vgl. Toomey, Russell B., et al (01.10.2018): Transgender Adolescent Suicide Behavior, in: American Academy of Pediatrics: Pediatrics Volume 142, Issue 4, Oktober 2018, abrufbar unter: https://publications.aap.org/pediatrics/article/142/4/e20174218/76767/Transgender-Adolescent-Suicide-Behavior?autologincheck=redirected (abgerufen am 23.12.2022).

10 Vgl. Havertz, Rieke (10.04.2021): Der nächste Kampf um Amerikas Identität, abrufbar unter: https://www.zeit.de/politik/ausland/2021-04/transgender-gesetze-usa-republikaner-arkansas-alabama-lgtbq (abgerufen am 23.12.2022).

11 Vgl. Richter, Sebastian (23.01.2022): Tessa Ganserer: Magazin «Emma» schießt gegen Transfrau – Grüne sind fassungslos, abrufbar unter: https://www.fr.de/politik/trans-frau-tessa-ganserer-gruene-bundestag-emma-diskussion-frauenquote-news-91253667.html (abgerufen am 23.12.2022).

12 Vgl. Holly, Leon (20.10.2022): Kim de l'Horizon laut Verlag queerfeindlich bedroht, in: Zeit Online, abrufbar unter: https://www.zeit.de/kultur/literatur/2022-10/kim-de-lhorizon-queerfeindliche-angriffe (abgerufen am 23.12.2022).

13 Vgl. Martenstein, Harald (22.04.2010): Gender-Politik und Voodoo laufen auf das Gleiche hinaus, in: Zeit Magazin, abrufbar unter: https://www.zeit.de/2010/17/Martenstein?sort=desc&page=3 (abgerufen am 13.01.2023).

14 Vgl. SWR (04.03.2021): Autor Harald Martenstein stellt seinen Roman «Wut» vor, in: Landesschau Rheinland-Pfalz, ab ca. 00:25, abrufbar unter: https://www.ardmediathek.de/video/Y3JpZDovL3N3ci5kZS9hZXgvbzEoMTkzNTY (abgerufen am 23.12.2022).

15 Vgl. Martenstein, Harald (17.02.2021): Über eine Regel, die Männer zum Schweigen bringt, und einen gesundheitspolitischen Aufruf, in: Zeit Online, abrufbar unter: https://www.zeit.de/zeit-magazin/2021/08/harald-martenstein-flint-maenner-universitaet-minderheiten (abgerufen am 23.12.2022).

16 Vgl. Doherty-Cove, Jody (05.07.2018): ‹Trans women are still males with male genitalia› – university lecturer airs controversial views, in: The Argus, abrufbar unter: https://www.theargus.co.uk/news/16334391.trans-women-still-males-male-genitalia---university-lecturer-airs-controversial-views/ (abgerufen am 25.01.2023).

17 Vgl. ebd.

18 Vgl. Stock, Kathleen (07.05.2018): Academic philosophy and the UK Gender Recognition Act, abrufbar unter: https://medium.com/@kathleenstock/academic-philosophy-and-the-uk-gender-recognition-act-6179b315b9dd (abgerufen am 25.01.2023).

19 Fleischhauer, Jan (15.11.2021): Sagen Sie bloß nichts Falsches über Vaginas! Oder die Transaktivisten eröffnen die Jagd auf Sie, abrufbar unter: https://www.focus.de/politik/deutschland/schwarzer-kanal/die-focus-kolumne-von-jan-fleischhauer-der-terror-der-minderheit_id_24421896.html (abgerufen am 23.12.2022).

20 Vgl. Hofman, Inga (10.06.2020): Transfeindliche Tweets von J.K. Rowling: Bestsellerautorin zieht Wut von queeren Harry Potter-Fans auf sich, unter: https://www.tagesspiegel.de/gesellschaft/queerspiegel/bestsellerautorin-zieht-wut-von-queeren-harry-potter-fans-auf-sich-4173721.html (abgerufen am 28.12.2022).

21 Schwarzer, Alice: Transsexualität und Rollenirritation. Was ist ein Mann? Was ist eine Frau? Eine Streitschrift, KiWi, 2022, S. 14.

22 Försterling, Renate: Von der Ausnahme zum Trend, in: Transsexualität. Was ist eine Frau? Was ist ein Mann? Eine Streitschrift, S. 125 ff.

23 Louis, Chantal: Sex und Gender – Ein Alarmruf, in: Transsexualität. Was ist eine Frau? Was ist ein Mann? Eine Streitschrift, S. 23.

24 Vgl. ebd.

25 Vgl. Schwarzer, Alice: Transsexualität und Rollenirritation, in: Was ist ein Mann? Was ist eine Frau? Eine Streitschrift, S. 15.

26 Vgl. ebd., S. 11.

27 Vgl. LSVD: 9 Kritikpunkte an Alices Schwarzers gefährlichen und falschen Thesen zu «Transsexualität», abrufbar unter: https://www.lsvd.de/de/ct/6772-alice-schwarzer-transsexualitaet (abgerufen am 23.12.2022).

28 Vgl. beispielsweise Dahlberg, Hanna (02.03.2020): Vom Antifeminismus der Transaktivisten, in: Die Störenfriedas, abrufbar unter: https://stoerenfriedas.de/derantifeminismus-der-transaktivisten/ (abgerufen am 20.01.2023).

29 Vgl. beispielsweise Women's Liberation Front: Get The Men Out Of California Women's Prisons, abrufbar unter: https://womensliberationfront.salsalabs.org/petition-end-sb-132-demands-ca/index.html (abgerufen am 20.01.2023).

30 Vgl. ebd.

31 Vgl. Strietholt, Maike (02.07.2018): Wie Geschlechterrollen unser Verhalten bestimmen, abrufbar unter: https://www.deutschlandfunkkultur.de/mann-taeter-frau-opfer-wie-geschlechterrollen-unser-100.html (abgerufen am 28.12.2022).

32 Vgl. Bundesministerium für Familie, Senioren, Frauen und Jugend (24.11.2022): Formen der Gewalt erkennen, abrufbar unter: https://www.bmfsfj.de/bmfsfj/themen/gleichstellung/frauen-vor-gewalt-schuetzen/haeusliche-gewalt (abgerufen am 28.12.2022).

33 Vgl. Opfer-Tatverdächtigen-Beziehung, in: Bundeskriminalamt (01/2021): Polizeiliche Kriminalstatistik. Bundesrepublik Deutschland. Jahrbuch 2019, Band 2, Opfer, S. 26, abrufbar unter: https://www.bka.de/SharedDocs/Downloads/DE/Publikationen/PolizeilicheKriminalstatistik/2019/Jahrbuch/pks2019Jahrbuch2Opfer.pdf?__blob=publicationFile&v=3 (abgerufen am 27.01.2023).

34 Vgl. European Union Agency for Fundamental Rights: A long way

to go for LGBTI equality, S. 46, abrufbar unter: https://fra.europa.eu/sites/default/files/fra_uploads/fra-2020-lgbti-equality-1_en.pdf (abgerufen am 26. 01. 2023).

35 Vgl. ebd.

36 Vgl. transrespect.org (11.11.2021): TVT TMM UPDATE, TRANS DAY OF REMEMBRANCE 2021, abrufbar unter: https://transrespect.org/en/tmm-update-tdor-2021/ (abgerufen am 26. 01. 2023).

37 Vgl. Stokowski, Margarete (29. 06. 2021): Zehn Schritte, um Morde an Frauen zu verhindern, in: Spiegel, abrufbar unter: https://www.spiegel.de/kultur/was-tun-gegen-femizide-kolumne-von-margarete-stokowski-a-6c623166-4472-4c0a-b80e-f772611ec64a (abgerufen am 28.12.2022).

38 Vgl. Hümpel, Rieke (10. 12. 2022): «Als Bürger habe ich Angst, was Sie mit meinen Kindern vorhaben», abrufbar unter: https://www.cicero.de/innenpolitik/queer-transgender-queerfeminismus-bundesregierung-judithbutler (abgerufen am 23. 12. 2022).

4.
Trend und Minderheit zugleich: Über statistische Leerstellen und Desinformationen

1 Vgl. Engelken, Eva: Trans*innen? Nein, Danke! Warum wir Frauen einzigartig sind und bleiben, Orgshop GmbH 2022 (eBook, Kindle Edition): Kapitel 3, Position 167 von 1682.

2 Vgl. Duwe, Silvio, Chris Humbs, Fabian Severin und Isabel Strathmann (13.10.2022): Woher kommt der Hass?, in: ARD Kontraste, abrufbar unter: https://www.rbb-online.de/kontraste/archiv/kontraste-vom-13-02-2022/angriffe-auf-transpersonen-woher-kommt-der-hass.html (abgerufen am 28. 12. 2022).

3 Vgl. Jones, Jeffrey M. (17. 02. 2022): LGBT Identification in U. S. Ticks Up to 7.1 %, abrufbar unter: https://news.gallup.com/poll/389792/lgbt-identification-ticks-up.aspx (abgerufen am 28.12.2022).

4 Duwe, Silvio, Chris Humbs, Fabian Severin und Isabel Strathmann (13.10.2022): Woher kommt der Hass?, abrufbar unter: https://www.rbb-online.de/kontraste/archiv/kontraste-vom-13-02-2022/angriffe-auf-transpersonen-woher-kommt-der-hass.html (abgerufen am 28.12.2022).

5 Vgl. Engelken, Eva (09.06.2022): Hallo, Mann mit Perücke, was machst du in unserer Sauna?, abrufbar unter: https://www.evaengelken.de/hallo-mann-mit-peruecke-geh-in-deine-eigene-sauna/ (abgerufen am 28.12.2022).

6 Vgl. Queer.de (18.10.2020): Grüne TERFs wollen Selbstbestimmungsgesetz verhindern, abrufbar unter: https://www.queer.de/detail.php?article_id=37327 (abgerufen am 28.12.2022).

7 Vgl. dgti e.V. (12.08.2021): Zahlenspiele, oder: Wo sind sie denn hin?, abrufbar unter: https://dgti.org/2021/08/12/zahlenspiele/ (abgerufen am 28.12.2022).

8 Vgl. Faye, Shon: Die Transgenderfrage. Ein Aufruf zu mehr Gerechtigkeit, hanserblau, 2022, S. 29.

9 Vgl. Faye, Shon: Die Transgenderfrage. Ein Aufruf zu mehr Gerechtigkeit, hanserblau, 2022, S. 29.

10 Vgl. Herman, Jody L., Andrew R. Flores und Kathryn K. O'Neill (06/2022): How many adults and youth identify as transgender in the United States?, abrufbar unter: https://williamsinstitute.law.ucla.edu/wp-content/uploads/Trans-Pop-Update-Jun-2022.pdf (abgerufen am 13.01.2023).

11 Vgl. dgti e.V. (12.08.2021): Zahlenspiele, oder: Wo sind sie denn hin?, abrufbar unter: https://dgti.org/2021/08/12/zahlenspiele/ (abgerufen am 28.12.2022).

12 Vgl. Brown, Anna (07.06.2022): About 5 % of young adults in the U.S. say their gender is different from their sex assigned at birth, abrufbar unter: https://www.pewresearch.org/fact-tank/2022/06/07/about-5-of-young-adults-in-the-u-s-say-their-gender-is-different-from-their-sex-assigned-at-birth/ (abgerufen am 28.12.2022).

13 Vgl. Turban, Jack L., Brett Dolotina, Dana King und Alex S. Keu-

roghlian (03.08.2022): Sex Assigned at Birth Ratio Among Transgender and Gender Diverse Adolescents in the United States, in: PEDIATRICS Volume 150, Issue 3, September 2022, abrufbar unter: https://publications.aap.org/pediatrics/article/150/3/e2022056567/188709/Sex-Assigned-at-Birth-Ratio-Among-Trans gender-and (abgerufen am 28.12.2022).

14 Vgl. Boyon, Nicolas (09.06.2021): LGBT+ Pride 2021 Global Survey points to a generation gap around gender identity and sexual attraction, abrufbar unter: https://www.ipsos.com/en/lgbt-pride-2021-global-survey-points-generation-gap-around-gender-identity-and-sexual-attraction (abgerufen am 28.12.2022).

15 Vgl. LSVD e.V. (2020): Erfahrungen von trans*Menschen in Deutschland, unter: https://www.lsvd.de/de/ct/2628-Erfahrungen-von-trans-Menschen-in-Deutschland (abgerufen am 28.12.2022).

16 Vgl. Statistisches Bundesamt (16.11.2021): Transition findet mehrheitlich in den 20ern statt, abrufbar unter: https://de.statista.com/infografik/26187/anzahl-der-geschlechtsangleichenden-operationen-in-deutschland/#:~:text=Transsexualit%C3%A4t&text=2.155%20Menschen%20lie%C3%9Fen%202020%20in,7%2C6%20Prozent%20der%20Operationen (abgerufen am 28.12.2022).

17 Vgl. Bundesverband trans (01/2022): Legen Natur und Biologie das Geschlecht fest?, in: Soll Geschlecht jetzt abgeschafft werden? 12 Fragen und Antworten zu Selbstbestimmungsgesetz & Trans*geschlechtlichkeit, abrufbar unter: https://www.bundesverband-trans.de/wp-content/uploads/2022/02/soll-geschlecht-jetzt-abgeschafft-werden-_bvt_lsvd_onlineversion.pdf (abgerufen am 28.12.2022).

18 Vgl. Wilken, Jenny (02/2022): Detransition: Fakten und Studien, abrufbar unter: https://www.researchgate.net/publication/359285670_Detransition_Fakten_und_Studien (abgerufen am 28.12.2022).

19 Vgl. Bundesministerium für Familie, Senioren, Frauen und Jugend (10/2016): Situation von trans- und intersexuellen Menschen im Fokus. Sachstandsinformationen des BMFSFJ. Begleitmaterial zur Interministeriellen Arbeitsgruppe Inter- und Transsexualität, Band 5, S. 11, abrufbar unter: https://www.bmfsfj.de/bmfsfj/

service/publikationen/situation-von-trans-und-intersexuellen-menschen-im-fokus-sachstandsinformationen-des-bmfsfj-112094 (abgerufen am 28.12.2022).

20 Vgl. Wilson, Bianca D.M., und Ilan H. Meyer (06/2021): Nonbinary LGBTQ Adults in the United States, abrufbar unter: https://williamsinstitute.law.ucla.edu/publications/nonbinary-lgbtq-adults-us/ (abgerufen am 28.12.2022).

21 Vgl. James, S.E., J.L. Herman, S. Rankin, M. Keisling, L. Mottet und M. Anafi (12/2017): The Report of the 2015 U.S. Transgender Survey, Washington DC: National Center for Transgender Equality, S. 5, abrufbar unter: https://transequality.org/sites/default/files/docs/usts/USTS-Full-Report-Dec17.pdf (abgerufen am 28.12.2022).

22 Vgl. ebd., S. 11 und S. 15.

23 Vgl. ebd., S. 12 und S. 15.

24 Vgl. Galuschka, Antje (07.10.2021): Dossier Teil 12: Selbstbestimmt zur Brustamputation? Was eine Transition für Jugendliche wirklich bedeutet, abrufbar unter: https://www.evaengelken.de/dossier-teil-12-was-heisst-transition-fuer-jugendliche-und-eltern/ (abgerufen am 28.12.2022).

25 Vgl. Showalter, Brandon (30.06.2021): 5 things every Christian should know about the trans movement, in: The Christian Post, abrufbar unter: https://www.christianpost.com/us/5-things-every-christian-should-know-about-the-trans-movement.html (abgerufen am 28.12.2022).

26 Vgl. von Storch, Beatrix, et al. (15.06.2020): Kleine Anfrage der Abgeordneten Beatrix von Storch, Detlev Spangenberg, Dr. Robby Schlund, Paul Viktor Podolay, Jörg Schneider, Ulrich Oehme, Jürgen Braun, Dr. Heiko Wildberg, Dr. Christian Wirth und der Fraktion der AfD. Projektförderungen der Bundesregierung zur sogenannten geschlechtlichen Vielfalt im Blick auf Berichte und Daten zur «Rapid Onset Gender Dysphoria», abrufbar unter: https://dserver.bundestag.de/btd/19/199/1919934.pdf (abgerufen am 28.12.2022).

27 Vgl. Littman, Lisa (16.08.2018): Parent reports of adolescents and young adults perceived to show signs of a rapid onset of gender

dysphoria, abrufbar unter: https://journals.plos.org/plosone/article?id=10.1371/journal.pone.0202330 (abgerufen am 28.12.2022).

28 Vgl. ebd.

29 Vgl. Serano, Julia (22.08.2018): Everything You Need To Know About Rapid Onset Gender Dysphoria, abrufbar unter: https://juliaserano.medium.com/everything-you-need-to-know-about-rapid-onset-gender-dysphoria-1940b8afdeba (abgerufen am 28.12.2022).

30 Vgl. Littman, Lisa (16.08.2018): Parent reports of adolescents and young adults perceived to show signs of a rapid onset of gender dysphoria, abrufbar unter: https://journals.plos.org/plosone/article?id=10.1371/journal.pone.0202330 (abgerufen am 28.12.2022).

31 Vgl. parentsofrogdkids.com: Wer wir sind, abrufbar unter: https://www.parentsofrogdkids.com/wer-wir-sind / (abgerufen am 28.12.2022).

32 parentsofrogdkids.com: Das genderaffirmative Modell: Experimentieren an unseren Kindern, abrufbar unter: https://www.parentsofrogdkids.com/das-gender-affirmative-modell-experimentieren-an-unseren-kindern (abgerufen am 28.12.2022).

33 parentsofrogdkids.com: Unsere Position, abrufbar unter: https://www.parentsofrogdkids.com/unsere-position (abgerufen am 28.12.2022).

34 parentsofrogdkids.com: Wer wir sind, abrufbar unter: https://www.parentsofrogdkids.com/wer-wir-sind (abgerufen am 28.12.2022).

35 parentsofrogdkids.com (09.03.2020): A parent's worst nightmare, abrufbar unter: https://www.parentsofrogdkids.com/parents-stories/2019/9/23/a-parents-worst-nightmare (abgerufen am 28.12.2022).

36 Vgl. parentsofrogdkids.com (06.11.2019): I just miss her, abrufbar unter: https://www.parentsofrogdkids.com/parents-stories/2019/11/6/i-just-miss-her (abgerufen am 28.12.2022).

37 Vgl. genspect.org (2022): Helpful Groups, abrufbar unter: https://genspect.org/groups/ (abgerufen am 28.12.2022).

38 Vgl. Kao, Emilie (07.07.2021): Woke Gender, abrufbar unter: https://www.heritage.org/gender/commentary/woke-gender (abgerufen am 28.12.2022).

39 Vgl. Kost, Cornelia (08.03.2022): Anti-trans*Netzwerke, abrufbar unter: https://dgti.org/2022/03/08/anti-trans-netzwerke/ (abgerufen am 28.12.2022).

40 Vgl. Datta, Neil (2021): Tip of the Iceberg: Religious Extremist Funders against Human Rights for Sexuality and Reproductive Health in Europe 2009–2018, European Parliamentary Forum for Sexual and Reproductive Rights 2021, S. 12, abrufbar unter: https://www.epfweb.org/sites/default/files/2021-06/Tip%20of%20the%20Iceberg%20June%202021%20Final.pdf (abgerufen am 28.12.2022).

41 Vgl. Krell, Claudia, und Kerstin Oldemeier (2015): Coming-out – und dann ...?! Ein DJI-Forschungsprojekt zur Lebenssituation von lesbischen, schwulen, bisexuellen und trans*Jugendlichen und jungen Erwachsenen, DJI 2015, S. 15, abrufbar unter: https://www.dji.de/fileadmin/user_upload/bibs2015/DJI_Broschuere_ComingOut.pdf (abgerufen am 28.12.2022).

5.
Argumente, die keine sind: Das Märchen vom Kinderschutz

1 Vgl. Kaminski, Cornelia (13.01.2023): Wem nutzt der Transgenderhype? In: Die Tagespost, abrufbar unter: https://www.die-tagespost.de/politik/wem-nutzt-der-transgenderhype-art-234975 (abgerufen am 13.01.2023).

2 Vgl. Gegen Antifeminismus (06.12.2021): Hilfe, die ‹Gender-Ideologie› macht Kinder homosexuell und trans, abrufbar unter: https://gegen-antifeminismus.de/hilfe-die-gender-ideologie-macht-kinder-homosexuell-und-trans/ (abgerufen am 23.12.2022).

3 Vgl. Sevinc Basad, Judith: Tweet vom 15.07.2022, abrufbar unter: https://twitter.com/JSevincBasad/status/1547983713136324609?s=20&t=T2LPokWjCNF74tYmo_9xiQ (abgerufen am 23.12.2022).

4 Storch, Beatrix von (14.10.2022): Beatrix von Storch (AfD) – ZENSIERT auf TikTok: Die Wahrheit zu Pubertätsblockern/Regenbogenportal! 00:56, abrufbar unter: https://www.youtube.com/watch?v=-6BKns1lvOM&ab_channel=BeatrixvonStorch (abgerufen am 23.12.2022).

5 Klöckner, Julia: Tweet vom 12.10.2022, abrufbar unter: https://twitter.com/JuliaKloeckner/status/1580147000535703554 (abgerufen am 23.12.2022).

6 Vgl. Zeit Online: Pubertätsblocker (15.11.2022): Selten verschrieben, häufig diskutiert, abrufbar unter: https://www.zeit.de/news/2022-11/15/pubertaetsblocker-selten-verschrieben-haeufig-diskutiert (abgerufen am 23.12.2022).

7 Vgl. Süddeutsche Zeitung/dpa (15.11.2022): Pubertätsblocker: Selten verschrieben, häufig diskutiert, abrufbar unter: https://www.sueddeutsche.de/gesundheit/gesundheit-pubertaetsblocker-selten-verschrieben-haeufig-diskutiert-dpa.urn-newsml-dpa-com-20090101-221115-99-526143 (abgerufen am 13.01.2023).

8 Vgl. Lüdtke, Steffen (26.02.2018): Jens Spahn soll Gesundheitsminister werden – seine Meinung zur Pille danach sorgt für Diskussionen. In: Spiegel, abrufbar unter: https://www.spiegel.de/panorama/jens-spahn-soll-gesundheitsminister-werden-seine-meinung-zur-pille-danach-sorgt-fuer-diskussionen-a-00000000-0003-0001-0000-000002136198 (abgerufen am 05.01.2023).

9 Vgl. Bundeskriminalamt (04/2022): Anzahl der polizeilich erfassten Kinder, die Opfer von sexuellem Missbrauch wurden, nach Geschlecht von 2010 bis 2021, abrufbar unter: https://de.statista.com/statistik/daten/studie/1012029/umfrage/anzahl-der-opfer-von-sexuellem-missbrauch-von-kindern-nach-geschlecht/ (abgerufen am 23.12.2022).

10 Vgl. Karvunidis, Jenna, und Molly Langmuir (29.06.2020): I started the ‹gender reveal party› trend. And I regret it, abrufbar unter: https://www.theguardian.com/lifeandstyle/2020/jun/29/jenna-karvunidis-i-started-gender-reveal-party-trend-regret (abgerufen am 23.12.2022).

11 High Gloss And Sauce (Jenna Myers Karvunidis): Facebook Post vom 7.9.2020, abrufbar unter: https://pt-br.facebook.com/HighGlossSauce/posts/oh-my-god-nothe-fire-that-evacuated-parts-of-california-is-from-a-gender-reveal-/3526972507321132/ (abgerufen am 23.12.2022).

12 Vgl. People (01.06.2021): ‹Gender Reveal› Creator Jenna Karvunidis' View on Gender Changed as Daughter ‹Gravitated Toward› Short Hair, Tuxedos, abrufbar unter: https://people.com/parents/how-gender-reveal-creator-jenna-karvunidis-view-on-gender-changed-thanks-to-daughter/ (abgerufen am 23.12.2022).

13 Vgl. Brunner, Katharina, Sabrina Ebisch, Kathleen Hildebrand und Martina Schories (11.01.2019): Blaue Bücher, rosa Bücher, abrufbar unter: https://www.sueddeutsche.de/projekte/artikel/kultur/gender-wie-gleichberechtigt-sind-kinderbuecher-e970817/ (abgerufen am 23.12.2022).

14 Vgl. Kruse, Berit, Natalie Sablowski, Marie-Louise Timcke und Barbara Vorsamer (22.07.2022): Hotpants für Mädchen, Shorts für Jungs, abrufbar unter: https://www.sueddeutsche.de/projekte/artikel/gesellschaft/gegenderte-kindermode-rosa-hotpants-blaue-shorts-e701993/?reduced=true (abgerufen am 23.12.2022).

15 Vgl. Herche, Margit, und Maya Götz (2008): Der Körper der global vermarkteten Zeichentrickmädchen, abrufbar unter: https://www.br-online.de/jugend/izi/deutsch/forschung/gender/MJTV3_Koerper.pdf (abgerufen am 23.12.2022).

16 Vgl. ebd.

17 Vgl. Holler, Andrea, und Maya Götz (2017): Wollen Kinder sexualisierte Mädchenfiguren?, in: TelevIZIon, 30/2017/2, S. 18–19, abrufbar unter: https://www.br-online.de/jugend/izi/deutsch/forschung/gender/sexualisierte_Maedchenfiguren.htm (abgerufen am 23.12.2022).

18 Vgl. Bulla, Christine, und Margit Horche (2008): ‹Sie sind nur dünn und langweilig›. Was Kinder an der Darstellung von Mädchen im Kinderfernsehen stört, abrufbar unter: https://www.br-online.de/jugend/izi/deutsch/forschung/gender/MJTV6_Kritik_Maedchen.pdf (abgerufen am 23.12.2022).

19 Vgl. Holler, Andrea, et al. (2017): Bildbriefe an Fernsehverantwortliche. Eine medienpädagogische Einheit zum Mädchen- und Jugendbild im Kinderfernsehen, in: TelevIZIon, 30/2017/2, S. 11–13, abrufbar unter: https://www.br-online.de/jugend/izi/deutsch/forschung/gender/Bildbriefe.htm (abgerufen am 23.12.2022).

20 Queer.de (26.09.2022): Queerfeindlich und rechtsextrem: Meloni gewinnt Wahl in Italien, abrufbar unter: https://www.queer.de/detail.php?article_id=43323 (abgerufen am 23.12.2022).

21 Vgl. Serif, Moritz (14.09.2022): Wahl in Italien: Rechtsextreme Meloni lehnt Adoptionsrecht für Homosexuelle ab, abrufbar unter: https://www.fr.de/politik/italien-wahl-giorgia-meloni-rechtsextreme-adoption-rechte-homosexuelle-news-91787590.html (abgerufen am 23.12.2022).

22 Krüger, Karen (17.09.2022): Peppa Wutz mischt Italiens Wahlkampf auf, abrufbar unter: https://www.faz.net/aktuell/feuilleton/debatten/peppa-wutz-mischt-italiens-wahlkampf-auf-18320749.html (abgerufen am 23.12.2022).

23 Vgl. ebd.

6.
«It's Raining Them! Hallelujah!»
Popkultur und Repräsentation

1 Avril Lavigne: Sk8er Boi, Arista 2002.

2 Band ohne Namen, Girl 4 A Day, See My Life, JINX Music, 2002.

3 Vgl. Urban, Daniel (18.07.2022): Wie soll ich dich nennen? Über Queerness im deutschen TV, in: Schirn Mag, abrufbar unter: https://www.schirn.de/magazin/kontext/wie_soll_ich_dich_nennen_ueber_queerness_im_deutschen_tv/ (abgerufen am 23.12.2022).

4 Vgl. Podimo Deutschland (2021): Ein Mensch verschwindet, abrufbar unter: https://podcasts.apple.com/de/podcast/ein-mensch-verschwindet-daniel-k%C3%BCblb%C3%B6ck/id1578439279 (abgerufen am 05.01.2023).

5 Vgl. ebd.

6 Berg, Sibylle: Vielen Dank für das Leben, Hanser 2012, S. 324.

7 Hart, Fabian (06.08.2020): Queere Menschen und Frauen sind eine Bedrohung für Populisten – Sibylle Berg im Gespräch mit Fabian Hart über Geschlechterrollen, in: Vogue Germany, abrufbar unter: https://www.vogue.de/lifestyle/artikel/das-neue-blau-fabian-hart-interview-sibylle-berg-geschlechterrollen (abgerufen am 28.12.2022).

7. Repräsentation ist nicht genug

1 Vgl. u.a. Schwarzer, Alice (23.02.2022): Im Gendertrouble, in: Zeit Online, abrufbar unter: https://www.zeit.de/2022/09/transsexualitaet-geschlechterrollen-feminismus-alice-schwarzer (abgerufen am 13.01.2023).

2 Vgl. u.a. Hümpel, Rieke, Uwe Steinhoff, Antje Galuschka, Alexander Korte und Marie Vollbrecht (01.06.2022): Wie ARD und ZDF unsere Kinder indoktrinieren, in: WELT, abrufbar unter: https://www.welt.de/debatte/kommentare/plus239113451/Oeffentlich-rechtlicher-Rundfunk-Wie-ARD-und-ZDF-unsere-Kinder-indoktrinieren.html (abgerufen am 13.01.2023).

3 Daub, Adrian: Cancel Culture Transfer. Wie eine moralische Panik die Welt erfasst, Suhrkamp 2022, S. 310.

4 Die Sendung mit der Maus (25.03.2022): Erik ist jetzt Katja, abrufbar unter: https://www.wdrmaus.de/filme/sachgeschichten/erik_ist_jetzt_katja.php5 (abgerufen am 23.12.2022).

5 Vgl. Hümpel, Rieke, Uwe Steinhoff, Antje Galuschka, Alexander Korte und Marie Vollbrecht (01.06.2022): Wie ARD und ZDF unsere Kinder indoktrinieren, abrufbar unter: https://www.welt.de/debatte/kommentare/plus239113451/Oeffentlich-rechtlicher-Rundfunk-Wie-ARD-und-ZDF-unsere-Kinder-indoktrinieren.html (abgerufen am 23.12.2022).

6 Vgl. Voigt, Martin (29.03.2022): Transgender-Propaganda bei der ‹Sendung mit der Maus›, abrufbar unter: https://jungefreiheit.de/debatte/kommentar/2022/transgender-maus/ (abgerufen am 05.01.2023)

7 Louis, Chantal (28.03.2022): Was die Maus noch lernen muss, abrufbar unter: https://www.emma.de/artikel/transsexualitaet-was-die-maus-noch-lernen-muss-339343 (abgerufen am 23.12.2022).

8 Die Sendung mit der Maus (27.09.2013): Champagner, abrufbar unter: https://www.wdrmaus.de/filme/sachgeschichten/champagner.php5 (abgerufen am 23.12.2022).

9 Die Sendung mit der Maus: Axtherstellung, abrufbar unter: https://www.wdrmaus.de/filme/sachgeschichten/champagner.php5 (abgerufen am 23.12.2022).

10 Die Sendung mit der Maus (24.05.2020): Voltigieren, abrufbar unter: https://www.wdrmaus.de/filme/sachgeschichten/voltigieren.php5 (abgerufen am 23.12.2022).

11 Reichelt, Julian: Tweet vom 27.03.2022, abrufbar unter: https://twitter.com/jreichelt/status/1508007978905047041?lang=de (abgerufen am 23.12.2022).

12 Die Maus: Tweet vom 27.03.2022, abrufbar unter: https://twitter.com/DieMaus/status/1508010898027384837?s=20&t=qIN3-4orT24DjjD-GzjUOA (abgerufen am 23.12.2022).

13 Vgl. Hümpel, Rieke (01.06.2022): Was ist Geschlecht denn jetzt? 11 Fakten Auf Klo, in: Dossier Ideologie statt Biologie im ÖRR, S. 20 f, abrufbar unter: https://www.evaengelken.de/dossier-ideologie-statt-biologie-im-oerr/ (abgerufen am 23.12.2022).

14 Hümpel, Rieke, Uwe Steinhoff, Antje Galuschka, Alexander Korte und Marie Vollbrecht (01.06.2022): Wie ARD und ZDF unsere Kinder indoktrinieren, abrufbar unter: https://www.welt.de/debatte/kommentare/plus239113451/Oeffentlich-rechtlicher-Rundfunk-Wie-ARD-und-ZDF-unsere-Kinder-indoktrinieren.html (abgerufen am 23.12.2022).

15 Aufruf (01.06.2022): Schluss mit der Falschberichterstattung des öffentlich-rechtlichen Rundfunks!, abrufbar unter: https://www.

evaengelken.de/aufruf-schluss-mit-der-falschberichterstattung-des-oeffentlich-rechtlichen-rundfunks/ (abgerufen am 23.12.2022).

16 Hümpel, Rieke, Uwe Steinhoff, Antje Galuschka, Alexander Korte und Marie Vollbrecht (01.06.2022): Wie ARD und ZDF unsere Kinder indoktrinieren, in: WELT, abrufbar unter: https://www.welt.de/debatte/kommentare/plus239113451/Oeffentlich-rechtlicher-Rundfunk-Wie-ARD-und-ZDF-unsere-Kinder-indoktrinieren.html (abgerufen am 23.12.2022).

17 Ebd.

18 Vgl. ebd.

19 Vgl. Humboldt Universität Berlin (04.02.2022): Brain cell proliferation in hypoxic waters, abrufbar unter: https://www.biologie.hu-berlin.de/en/groupsites/vhphysiol/research/metabolic%20costs (abgerufen am 01.02.2023).

20 Vgl. Katalog der Deutschen Nationalbibliothek: Ergebnis der Suche nach Uwe Steinhoff, abrufbar unter: https://portal.dnb.de/opac.htm?method=simpleSearch&query=uwe+steinhoff (abgerufen am 01.02.2023).

21 Vgl. Katalog der Deutschen Nationalbibliothek: Ergebnis der Suche nach Antje Galuschka, abrufbar unter: https://portal.dnb.de/opac/simpleSearch?query=antje+galuschka&cqlMode=true (abgerufen am 01.02.2023).

22 Vgl. Oben: Über Oben, abrufbar unter: https://www.oben-werbung.de/%C3%BCber/ (abgerufen am 01.02.2023).

23 Vgl. Hümpel, Rieke: Twitter Profil, abrufbar unter: https://twitter.com/RiekeOben?ref_src=twsrc%5Egoogle%7Ctwcamp%5Eserp%7Ctwgr%5Eauthor (abgerufen am 23.12.2022).

24 Vgl. Feddersen, Jan, und Kaija Kutter (02.05.2022): Es ist hip, trans zu sein, in: taz, abrufbar unter: https://taz.de/Jugendpsychiater-ueber-Transidentitaet/!5845336/ (abgerufen am 23.12.2022).

25 Vgl. Rehder, Stefan: «Wir erleben einen regelrechten Hype», in: Die Tagespost, abrufbar unter: https://www.die-tagespost.de/kultur/wir-erleben-einen-regelrechten-hype-art-200632 (abgerufen am 24.01.2023).

26 Feddersen, Jan, und Kaija Kutter (02.05.2022): Es ist hip, trans zu sein, in: taz, abrufbar unter: https://taz.de/Jugendpsychiater-ueber-Transidentitaet/!5845336/ (abgerufen am 23.12.2022).

27 Vgl. ebd.

28 Hardinghaus, Barbara, und Maik Großekathöfer (18.01.2019): Wir erleben einen enormen Zulauf an Jugendlichen, die ihr Geschlecht wechseln wollen, in: Der Spiegel 4/2019, abrufbar unter: https://www.spiegel.de/panorama/geschlechtsumwandlungen-macht-doch-endlich-sonst-bringe-ich-mich-um-a-00000000-0002-0001-0000-000161911783 (abgerufen am 23.12.2022)

29 Deutsche Gesellschaft für Transidentität und Intersexualität e.V. – dgti (05.02.2019):
Offener Brief an die Spiegel-Redaktion von Univ.-Prof. Dr. med. Georg Romer, Universitätsklinikum Münster, Koordinator der AWMF-Leitlinie «Geschlechtsdysphorie im Kindes- und Jugendalter» i.A. Deutsche Gesellschaft für Kinder- und Jugendpsychiatrie, -psychotherapie und -psychosomatik (DGKJP), Univ.-Prof. Dr. Annette Richter-Unruh, Bochum (DGKJ) Ruhr-Universität Bochum i.A. Deutsche Gesellschaft für Kinder- und Jugendmedizin (DGKJ), Dr. med. Achim Wüsthof, Hamburg (DGKED) MVZ endokrinologikum Hamburg zum Spiegel-Gespräch mit Dr. med. Alexander Korte, in: Der Spiegel Nr. 4/2019, S. 48 ff., abrufbar unter: https://www.facebook.com/dgtiev/posts/offener-brief-an-die-spiegel-redaktion-vonuniv-prof-dr-med-georg-romer-universit/779102042452752/ (abgerufen am 28.12.2022).

30 Vgl. dbb beamtenbund und tarifunion (08/2022): Welche dieser Berufe genießt Ihrer Meinung nach ein hohes bzw. kein hohes Ansehen?, abrufbar unter: https://de.statista.com/statistik/daten/studie/163400/umfrage/ansehen-der-berufe-in-der-gesellschaft/ (abgerufen am 23.12.2022).

31 Vgl. Barišić, Marija (14.11.2020): Ärzte gegen Aufklärung, in: Süddeutsche Zeitung, abrufbar unter: https://www.sueddeutsche.de/wissen/coronavirus-aerzte-querdenken-verschwoerungstheorie-1.5113239?reduced=true (abgerufen am 23.12.2022).

32 Transparency Note: Ich habe das Format konzipiert und bis 2019 redaktionell geleitet und schreibe seit 2020 als freie*r Autor*in ab und zu für *Auf Klo* und andere funk-Formate.

33 Auf Klo (01.12.2020): Drittes Geschlecht? 11 Fakten über Gender, in: Auf Klo, abrufbar unter: https://www.youtube.com/watch?v=-Qi95PgZotXU (abgerufen am 23.12.2022).

34 Hümpel, Rieke (01.06.2022): Was ist Geschlecht denn jetzt? 11 Fakten Auf Klo, in: Dossier Ideologie statt Biologie im ÖRR, S. 20 f., abrufbar unter: https://www.evaengelken.de/dossier-ideologie-statt-biologie-im-oerr/ (abgerufen am 23.12.2022).

35 Vgl. Verseck, Keno (15.06.2021): Ungarn: Viktor Orbáns neuer Hauptfeind heißt LGBTQ. In: Deutsche Welle. Abrufbar unter: https://www.dw.com/de/ungarn-viktor-orb%C3%A1ns-neuer-hauptfeind-hei%C3%9Ft-lgbtq/a-57896270 (abgerufen am 13.01.2023).

36 Vgl. beispielsweise Krautkrämer, Felix, und Beatrix von Storch (18.02.2023): [Tessa] Ganserer ist biologisch ein Mann, in: Junge Freiheit, abrufbar unter: https://jungefreiheit.de/debatte/interview/2022/von-storch-ganserer-ist-ein-mann/ (abgerufen am 27.01.2023).

37 AfD-Bundestagsfraktion (13.10.2022): Beatrix von Storch: Regenbogenportal des Familienministeriums muss abgeschaltet und Pubertätsblocker verboten werden, abrufbar unter: https://afdbundestag.de/beatrix-von-storch-regenbogenportal-des-familienministeriums-muss-abgeschaltet-und-pubertaetsblocker-verboten-werden/ (abgerufen am 24.01.2023).

38 Vgl. Datta, Neil (2021): Die Spitze des Eisbergs. Religiös-extremistische Geldgeber gegen Menschenrechte auf Sexualität und reproduktive Gesundheit in Europa 2009–2018. In: EPF 2021, abrufbar unter: https://www.epfweb.org/sites/default/files/2022-02/EPF_EN_TOTI_9SEP%20DEF_%20DEU_FINAL.pdf (abgerufen am 15.01.2023).

39 Ebd., S. 82.

40 Vgl. LSVD: Trans*: Hype der Gender-Ideologie und Gefahr für

Kinder und Jugendliche?, abrufbar unter: https://www.lsvd.de/de/ct/6456-Trans-Hype-der-Gender-Ideologie-und-Gefahr-fuer-Kinder-und-Jugendliche#trans-lobby (abgerufen am 24.01.2023).

41 Vgl. zur Absage des Vortrags «Geschlecht ist nicht (Ge)schlecht (04.07.2022): Sex, Gender und warum es in der Biologie zwei Geschlechter gibt» bei der Langen Nacht der Wissenschaften 2022, abrufbar unter: https://www.hu-berlin.de/de/pr/nachrichten/juli-2022/nr-2274–2 (abgerufen am 23.12.2022).

42 Ebd.

43 Donnasdottir (Donna Krasniqi) (02.07.2022): Uni cancelt Evolutionsvortrag von Biologin [ENG SUBS], abrufbar unter: https://www.youtube.com/watch?v=Umq05yoiHsY&ab_channel=donnasdottir (abgerufen am 23.12.2022).

44 Ebd., ab Minute 08:53 f.

45 Ebd., ab Minute 58:10

46 Vollbrecht, Marie (06.07.2022): Der Vortrag, den ich nicht halten konnte, abrufbar unter: https://www.zeit.de/2022/28/marie-luise-vollbrecht-vortrag-humboldt-universitaet?utm_referrer=https%3A%2F%2Fwww.google.com%2F (abgerufen am 23.12.2022).

47 Vgl. Krahnke, Sascha (06.07.2022): Wie ein abgesagter Vortrag transfeindliche Feminist*innen und Rechtsaußen zusammenbringt, abrufbar unter: https://www.belltower.news/transfeindlichkeit-wie-ein-abgesagter-vortrag-transfeindliche-feministinnen-und-rechtsaussen-zusammenbringt-134409/ (abgerufen am 23.12.2022).

48 Vgl. unter anderem Thiel, Thomas (03.07.2022): Cancel Culture an der Humboldt-Uni, in: FAZ, abrufbar unter: https://www.faz.net/aktuell/feuilleton/debatten/vortrag-von-marie-luise-vollbrecht-cancel-culture-an-der-humboldt-uni-18146758.html (abgerufen am 13.01.2023), Hermann, Jonas (03.07.2022): Debatte um Transsexualität: Berliner Universität verhindert Vortrag von Biologin, abrufbar unter: https://www.nzz.ch/international/transsexualitaet-humboldt-uni-verhindert-vortrag-von-biologin-ld.1691861 (abgerufen am 27.01.2023). Oder Lenz, Susanne: Vortrag über Geschlecht und Gender abgesagt: Cancel Culture an der Humboldt-

Uni, abrufbar unter: https://www.berliner-zeitung.de/kultur-vergnuegen/debatte/vortrag-ueber-geschlecht-und-gender-abgesagt-cancel-culture-an-der-humboldt-uni-li.242830 (abgerufen am 27.01.2023).

49 Yücel, Deniz (04.07.2022): Woher die aggressive Unerbittlichkeit der Transgender-Aktivist*innen rührt, in: WELT, abrufbar unter: https://www.welt.de/debatte/kommentare/plus239725953/Deniz-Yuecel-zum-Humboldt-Uni-Eklat-Woher-die-Unerbittlichkeit-ruehrt.html (abgerufen am 23.12.2022).

50 Hildebrandt, Antje (07.07.2022): Ausgeladene Biologin: ‹Ich bin völlig am Ende›, abrufbar unter: https://www.t-online.de/region/berlin/id_100026492/biologin-zum-gender-zoff-an-der-hu-ich-bin-voellig-am-ende-.html (abgerufen am 23.12.2022).

51 Krischke, Ben (05.07.2022): Diese Aktivisten könnten genauso gut sagen, die Erde sei eine Scheibe, in: Cicero, abrufbar unter: https://www.cicero.de/kultur/evolutionsbiologe-axel-meyer-interview-mann-frau-intersexualitaet-biologie (abgerufen am 23.12.2022).

52 Sokola, Ivana (03.07.2022): «Wissenschaftsministerin kritisiert Universität nach Vortragsabsage», in: Zeit Online, abrufbar unter: https://www.zeit.de/gesellschaft/2022–07/berlin-humboldt-universitaet-vortrag-marie-luise-vollbrecht-transfeindlichkeit (abgerufen am 23.12.2022).

53 Vgl. Hildebrandt, Antje: Ausgeladene Biologin (07.07.2022): ‹Ich bin völlig am Ende›, abrufbar unter: https://www.t-online.de/region/berlin/id_100026492/biologin-zum-gender-zoff-an-der-hu-ich-bin-voellig-am-ende-.html (abgerufen am 23.12.2022).

54 Marie-Luise Vollbrecht: Tweet vom 05.08.2022, abrufbar unter: https://twitter.com/LuiseVollbrecht/status/1555481532017557505?s=20&t=Z_DdrEM01L124DLtxzILzA (abgerufen am 23.12.2022).

55 Marie-Luise Vollbrecht: Tweet vom 04.08.2022, abrufbar unter: https://twitter.com/LuiseVollbrecht/status/1555218311696228354?s=20&t=Z_DdrEM01L124DLtxzILzA (abgerufen am 23.12.2022).

56 Vgl. Franz, Nicolai (04.08.2022): Fortpflanzungsbiologen unterscheiden zwei Geschlechter, abrufbar unter: https://www.livenet.de/themen/wissen/naturwissenschaften/413510-fortpflanzungs biologen_unterscheiden_zwei_geschlechter.html (abgerufen am 23.12.2022).

57 Vgl. Hildebrandt, Antje (07.07.2022): Ausgeladene Biologin: Ich bin völlig am Ende, in: t-online.de, abrufbar unter: https://www.t-online.de/region/berlin/id_100026492/biologin-zum-gender-zoff-an-der-hu-ich-bin-voellig-am-ende-.html (abgerufen am 13.01.2023).

58 Vgl. ebd.

8.
Es war einmal die «Cancel Culture»

1 Schwilden, Frédéric (05.07.2022): Problem im Verständnis zwischen Biologie und Soziologie, was Geschlecht bedeutet, in: WELT, abrufbar unter: https://www.welt.de/politik/deutschland/plus239715251/Humboldt-Universitaet-Das-sagt-Marie-Luise-Vollbrecht-nach-dem-abgesagten-Vortrag.html (abgerufen am 28.12.2022).

2 Vollbrecht, Marie-Luise: Twitter Profil, abrufbar unter: https://twitter.com/Frollein_VogelV (abgerufen am 05.01.2023).

3 Vgl. Romano, Aja (09.10.2020): A history of wokeness, in: vox.com, abrufbar unter: https://www.vox.com/culture/21437879/stay-woke-wokeness-history-origin-evolution-controversy (abgerufen am 28.12.2022).

4 Textauszug aus: Adrian Daub, Cancel Culture Transfer. Wie eine moralische Panik die Welt erfasst. © Suhrkamp Verlag AG, Berlin, 2022, S. 14 f.

5 Amlinger, Carolin, und Oliver Nachtwey: Gekränkte Freiheit. Aspekte des libertären Autoritarismus, Suhrkamp 2022, S. 16.

6 Ebd., S. 15.

7 Ebd., S. 14.

8 Ebd., S. 222.

9 Textauszug aus: Carolin Amlinger, Oliver Nachtwey, Gekränkte Freiheit, Aspekte des libertären Autoritarismus. © Suhrkamp Verlag AG, Berlin, 2022, S. 222.

10 Vgl. Smirnova, Julia (21. 02. 2021): Mit einem Gesetz gegen «Cancel Culture», in: Der Spiegel, abrufbar unter: https://www.spiegel.de/kultur/grossbritannien-mit-einem-gesetz-gegen-cancel-culture-a-1a3181ea-183d-41df-aa66-add03a626a47 (abgerufen am 28. 12. 2022).

11 Vgl. Rech, David (18. 02. 2022): ‹Truth› statt Tweet: Trump setzt ersten Post auf eigenem Twitter-Klon ‹Truth Social› ab, in: Tagesspiegel, abrufbar unter: https://www.tagesspiegel.de/gesellschaft/medien/trump-setzt-ersten-post-auf-eigenem-twitter-klon-truth-social-ab-6595669.html (abgerufen am 28. 12. 2022).

12 Vgl. Sauer, Pjotr (25. 03. 2022): Putin says west treating Russian culture like ‹cancelled› JK Rowling, in: The Guardian, abrufbar unter: https://www.theguardian.com/world/2022/mar/25/putin-says-west-treating-russian-culture-like-cancelled-jk-rowling (abgerufen am 06. 01. 2023).

13 queer.de (25. 03. 2022): «Putin verteidigt ‹gecancelte› J. K. Rowling», in: queer.de, abrufbar unter: https://www.queer.de/detail.php?article_id=41535 (abgerufen am 05. 01. 2023).

14 Vgl. Eiseler, Valerie, und Viktor Funk (21. 10. 2021): Julian Reichelt und der Machtmissbrauch bei Bild: «Die Angst ist der größte Faktor», in: Frankfurter Rundschau, abrufbar unter: https://www.fr.de/politik/julian-reichelt-axel-springer-bild-zeitung-ippen-investigativ-juliane-loeffler-marcus-engert-katrin-langhans-daniel-drepper-interview-91062259.html (abgerufen am 13. 01. 2023).

15 Vgl. Widman, Arno (13. 05. 2022): Vergewaltigung in der Ehe – In ehelicher Zuneigung und Opferbereitschaft, in: Frankfurter Rundschau, abrufbar unter: https://www.fr.de/kultur/gesellschaft/vergewaltigung-in-der-ehe-in-ehelicher-zuneigung-und-opfer bereitschaft-91544500.html (abgerufen am 13. 01. 2023).

16 Vgl. bspw. Mahr 2022 und Krahnke 2022.

17 Gofundme: Rechtshilfe Marie-Luise Vollbrecht, abrufbar unter: https://www.gofundme.com/f/rechtshilfe-marieluise-vollbrecht (abgerufen am 28.12.2022).

18 Vgl. ebd.

19 Vgl. Prußky, Christine, und Pia Bublis (06.03.2022): Bedrohte Forschung, in: Zeit Online, abrufbar unter: https://www.zeit.de/2022/10/academic-freedom-index-wissenschaftsfreiheit-weltweit (abgerufen am 28.12.2022).

20 Gofundme: Rechtshilfe Marie-Luise Vollbrecht, abrufbar unter: https://www.gofundme.com/f/rechtshilfe-marieluise-vollbrecht (abgerufen am 28.12.2022).

21 Ebd.

22 Ebd.

23 Küpper, Moritz (14.09.2017): Rechtssuche, wo rechts ist, in: Deutschlandfunk, abrufbar unter: https://www.deutschlandfunk.de/der-medienanwalt-ralf-hoecker-rechtssuche-wo-rechts-ist-100.html (abgerufen am 28.12.2022).

24 Vgl. hoecker.eu (25.01.2021): HÖCKER und Maaßen beenden Zusammenarbeit, abrufbar unter: https://www.hoecker.eu/news/hoecker-und-maassen-beenden-zusammenarbeit (abgerufen am 28.12.2022).

25 Vgl. Küpper, Moritz (14.09.2017): Rechtssuche, wo rechts ist, in: Deutschlandfunk, abrufbar unter: https://www.deutschlandfunk.de/der-medienanwalt-ralf-hoecker-rechtssuche-wo-rechts-ist-100.html (abgerufen am 28.12.2022).

26 Vgl. Dechert, Antje, und Martin Jarde (15.02.2022): Kirche und Missbrauch: Wer sind Benedikts Freunde?, in: BR24, abrufbar unter: https://www.br.de/nachrichten/kultur/kirche-und-missbrauch-wer-sind-die-freunde-des-ehemaligen-papstes-benedikts,SxUmnyK (abgerufen am 28.12.2022).

27 Stand des Crowdfundings am 01.02.2023, abrufbar unter: https://www.gofundme.com/f/rechtshilfe-marieluise-vollbrecht (abgerufen am 01.02.2023).

28 Netzwerk-wissenschaftsfreiheit.de (2021): Das Netzwerk Wissenschaftsfreiheitfreiheit e. V., abrufbar unter: https://www.netzwerk-wissenschaftsfreiheit.de/ (abgerufen am 28. 12. 2022).

29 Vgl. Kelter, Udo (14. 07. 2022): Transaktivismus vs. Wissenschaftsfreiheit. In: Netzwerk Wissenschaftsfreiheit, abrufbar unter: https://www.netzwerk-wissenschaftsfreiheit.de/transaktivismus-vs-wissenschaftsfreiheit/ (abgerufen am 13. 01. 2023).

30 Vgl. Heil, Georg, und Markus Pohl (02. 06. 2022): BND entzieht Professor Sicherheitsfreigabe, abrufbar unter: https://www.tagesschau.de/investigativ/rbb/bnd-professor-103.html (abgerufen am 28. 12. 2022).

31 Vgl. ebd.

32 Vgl. ebd.

33 Vgl. ebd.

34 Vgl. Netzwerk Wissenschaftsfreiheit e. V. (18. 07. 2022): Stellungnahme zum Entzug des Sicherheitsbescheids für Prof. Dr. Martin Wagener, abrufbar unter: https://www.netzwerk-wissenschafts freiheit.de/wp-content/uploads/2022/07/Stellungnahme-Wagener-1.pdf (abgerufen am 28. 12. 2022).

35 Vgl. Netzwerk Wissenschaftsfreiheit: Archiv, abrufbar unter: https://www.netzwerk-wissenschaftsfreiheit.de/veranstaltungen/archiv/ (abgerufen am 24. 01. 2023).

36 Vgl. Hanselle, Ralf (27. 05. 2022): Cicero Gesellschaft Podcast: Mit bestimmten Themen schießt man sich ins wissenschaftliche Aus, in: Cicero, abrufbar unter: https://www.cicero.de/kultur/sandra-kostner-hanselle-cicero-gesellschaft-podcast-wissenschaftsfreiheit (abgerufen am 28. 12. 2022).

37 Vgl. Walther, Rudolf (13. 08. 2017): Gegen ‹unsere Werte›, in: taz, abrufbar unter: https://taz.de/Egon-Flaigs-Buch-ueber-Fluechtlingspolitik/!5437668/ (abgerufen am 28. 12. 2022).

38 Hoffmann, Christiane, und René Pfister (15. 03. 2019) : Die Konservativen sind selber schuld, dass sie in die Defensive geraten sind, in: Spiegel, abrufbar unter: https://www.spiegel.de/politik/andreas-roedder-die-konservativen-sind-selber-schuld-a-bd557e3a-7bb2-4608-898b-6c4ee19ea4ee (abgerufen am 28. 12. 2022).

39 Vgl. Meßmer, Anna-Katharina, Alexander Sängerlaub und Leonie Schulz (22.03.2021): «Quelle: Internet»? Digitale Nachrichten- und Informationskompetenzen der deutschen Bevölkerung im Test. Stiftung Neue Verantwortung 2021, abrufbar unter: https://www.stiftung-nv.de/de/publikation/quelle-internet-digitale-nachrichten-und-informationskompetenzen-der-deutschen (abgerufen am 28.12.2022).

40 Vgl. ebd.

9.
Raus aus dem Sprachkorsett

1 Vgl. Gümüşay, Kübra: Sprache und Sein, btb Verlag 2021, S. 16.

2 Vgl. Gunnarsdóttir, Lísa Margrét, und Victoria Bakshina (02.05.2022): The new personal pronoun, grammar and society, in: Stúdentablaðið 2022, abrufbar unter: https://studentabladid.is/efni/2022/5/2/nja-persnufornafni-mlfrin-og-samflagi-vital-vi-eirk-rgnvaldsson (abgerufen am 28.12.2022).

3 Vgl. Tavits, Margit, und Efrén O. Pérez (05.08.2019): Language influences mass opinion toward gender and LGBT equality, in: PNAS Vol. 116, No. 34, abrufbar unter: https://www.pnas.org/doi/10.1073/pnas.1908156116 (abgerufen am 28.12.2022).

4 Vgl. Howard, Tina (06.08.2019): Geschlechtsneutrales Personalpronomen ‹hen› verändert Einstellungen, in: Deutschlandfunk Nova, abrufbar unter: https://www.deutschlandfunknova.de/beitrag/gendergerechte-sprache-geschlechtsneutrales-personalpronomen-hen-wirkt-sich-positiv-aufs-denken-aus (abgerufen am 28.12.2022).

5 Vgl. Bem, Sandra L., und Daryl J. Bem (03/1973): Does Sex-biased Job Advertising ‹Aid and Abet› Sex Discrimination?, in: Journal of Applied Social Psychology, abrufbar unter: https://onlinelibrary.wiley.com/doi/abs/10.1111/j.1559–1816.1973.tb01290.x?casa_token=UBpi43–2HycAAAAA%3AbMBuLkiQEQ67uMg8iREv-7TxQ4ngyzlDrtiPJShAj3mPa73LzNGRAdelo_OqvfTsfKGrqQwlNuok (abgerufen am 28.12.2022).

6 Vgl. Vervecken, D., und B. Hannover (03/2015): Yes I can! Effects of gender fair job descriptions on children's perceptions of job status, job difficulty, and vocational self-efficacy, in: Social Psychology, 46(2), 76–92, abrufbar unter: https://doi.org/10.1027/1864-9335/a000229 (abgerufen am 28.12.2022).

7 Vgl. linguistik-vs-gendern.de (07/2022): Aufruf: Wissenschaftler kritisieren Genderpraxis des ÖRR, abrufbar unter: https://www.linguistik-vs-gendern.de/ (abgerufen am 28.12.2022).

8 Vgl. linguistik-vs-gendern.de (07/2022): Aufruf: Wissenschaftler kritisieren Genderpraxis des ÖRR, Literaturliste, abrufbar unter: https://www.linguistik-vs-gendern.de/literatur/ (abgerufen am 28.12.2022).

9 Vgl. Koehler, Stefanie, und Michael Wahl (08/2021): Empfehlung zu gendergerechter, digital barrierefreier Sprache – eine repräsentative Studie, abrufbar unter: https://www.bfit-bund.de/DE/Publikation/empfehlung-gendergerechte-digital-barrierefreie-sprache-studie-koehler-wahl.html (abgerufen am 28.12.2022).

10 Vgl. ebd.

11 Vgl. Fink (10.02.2022): Der Mythos vom Doppelpunkt, abrufbar unter: https://fink.hamburg/2022/02/mythos-doppelpunkt/ (abgerufen am 28.12.2022).

12 Vgl. YouGov (05/2020): Finden Sie geschlechtergerechte Sprache, sogenanntes Gendern, wichtig oder unwichtig?, abrufbar unter: https://de.statista.com/statistik/daten/studie/1120925/umfrage/umfrage-in-deutschland-zur-relevanz-von-geschlechtergerechter-sprache/ (abgerufen am 28.12.2022).

13 Vgl. infratest dimap (05/2021): Weiter Vorbehalte gegen gendergerechte Sprache, abrufbar unter: https://www.infratest-dimap.de/umfragen-analysen/bundesweit/umfragen/aktuell/weiter-vorbehalte-gegen-gendergerechte-sprache/ (abgerufen am 28.12.2022).

14 Hornscheidt, Lann: Sprachgewalt erkennen und sprachhandelnd verändern, Subkultur 2018, S. 16.

15 Ebd., S. 6 f.

16 Ebd.

17 Ebd.

18 Vgl. Hornscheidt, Lann, und Lio Oppenländer: exit gender. Gender loslassen und strukturelle Gewalt benennen: eigene Wahrnehmung und soziale Realität verändern, w_orten & meer 2019, S. 351.

10. Mehrgeschlechterordnungen sind nichts Neues

1 LaGata, Carla/Carsten Balzer (08.08.2018): Kulturelle Alternativen zur Zweigeschlechterordnung – Vielfalt statt Universalismus, abrufbar unter: https://www.bpb.de/themen/gender-diversitaet/geschlechtliche-vielfalt-trans/245271/kulturelle-alternativen-zur-zweigeschlechterordnung-vielfalt-statt-universalismus/ (abgerufen am 28.12.2022).

2 Ebd.

3 De J. Solís Mecalco, Rubén (01/2020): Dekolonisierung der Maya-Sexualitäten im Südosten Mexikos. In: Budrich Journals, PERIPHERIE – Politik, Ökonomie, Kultur, 40(1–2), S. 90, abrufbar unter: https://doi.org/10.3224/peripherie.v40i1– (abgerufen am 28.12.2022).

4 Ebd., S. 91.

5 Ebd., S. 90 f.

6 Ebd.

7 Vgl. Baudy, Gerhard: Agdistis, in: Der Neue Pauly, abrufbar unter: http://dx.doi.org/10.1163/1574-9347_dnp_e107470 (abgerufen am 28.12.2022).

8 Vgl. Zajko, Vanda (2009): ‹Listening With› Ovid: Intersexuality, Queer Theory, and the Myth of Hermaphroditus and Salmacis, in: Helios, vol. 36 no. 2, 2009, S. 189, abrufbar unter: https://muse.jhu.edu/article/376552 (abgerufen am 28.12.2022).

9 Vgl. Platon: Symposion, Fischer Klassik Plus 2011, S. 19.

10 Ebd.

11 Ebd.

11.
«Entweder & oder»: Die Zukunft ist nicht binär!

1 Vgl. transrespect.com (11.11.2021): «TVT TMM UPDATE • TRANS DAY OF REMEMBRANCE 2021», abrufbar unter: https://transrespect.org/en/tmm-update-tdor-2021/ (abgerufen am 28.12.2022).

2 Preciado 2020, S. 346.

Glossar

1 Vgl. Bundeszentrale für politische Bildung (16.12.2022): Alt-Right, in: Rechtsextremismus Glossar, abrufbar unter: https://www.bpb.de/themen/rechtsextremismus/dossier-rechtsextremismus/516444/alt-right/ (abgerufen am 28.12.2022).

2 Vgl. Wittenius, Marie (03.02.2022): Die transnationale Anti-Gender-Bewegung in Europa, in: Angriff auf die Demokratie? Anti-Gender-Bewegungen in Europa, abrufbar unter: https://www.gwi-boell.de/de/2022/02/03/die-transnationale-anti-gender-bewegung-europa (abgerufen am 03.01.2023).

3 Vgl. Homberg, Merle, und Lina Beling (08.03.2021): Wie weit der Hass gegen Frauen geht, in: Deutschlandfunk Kultur, abrufbar unter: https://www.deutschlandfunkkultur.de/incel-community-wie-weit-der-hass-gegen-frauen-geht-100.html (abgerufen am 28.12.2022).

4 Ogette, Tupoka: exit RACISM. Rassismuskritisch denken lernen, Unrast Verlag 2017, S. 77.

5 Sow, Noah: Deutschland Schwarz Weiß. Der alltägliche Rassismus, Books on Demand 2018, S. 32.

6 Bundesministerium des Innern und für Heimat (06.07.2018): «Transsexuellenrecht», abrufbar unter: https://www.personenstandsrecht.de/Webs/PERS/DE/rechtsbereiche/transsexuellenrecht/transsexuellenrecht-node.html (abgerufen am 28.12.2022).

7 Vgl. Zeit Online (19.06.2018): Transsexualität soll keine psychische Krankheit mehr sein. In: Zeit Online, abrufbar unter: https://www.zeit.de/wissen/gesundheit/2018-06/weltgesundheitsorganisation-transsexualitaet-keine-psychische-krankheit-icd11?utm_referrer=https%3A%2F%2Fwww.google.com%2F (abgerufen am 28.12.2022).

8 Vgl. Bundesministerium der Justiz (30.06.2022): Eckpunkte für das Selbstbestimmungsgesetz vorgestellt, abrufbar unter: https://www.bmj.de/SharedDocs/Artikel/DE/2022/0630_SelbstbestimmungsG.html (abgerufen am 28.12.2022).

9 Vgl. Amnesty International (28.02.2017): «Weiß» und «Weißsein», in: Glossar für diskriminierungssensible Sprache, abrufbar unter: https://www.amnesty.de/2017/3/1/glossar-fuer-diskriminierungssensible-sprache (abgerufen am 28.12.2022).